38-105-1

朝鮮民芸論集

浅川　巧著
高崎宗司編

岩波書店

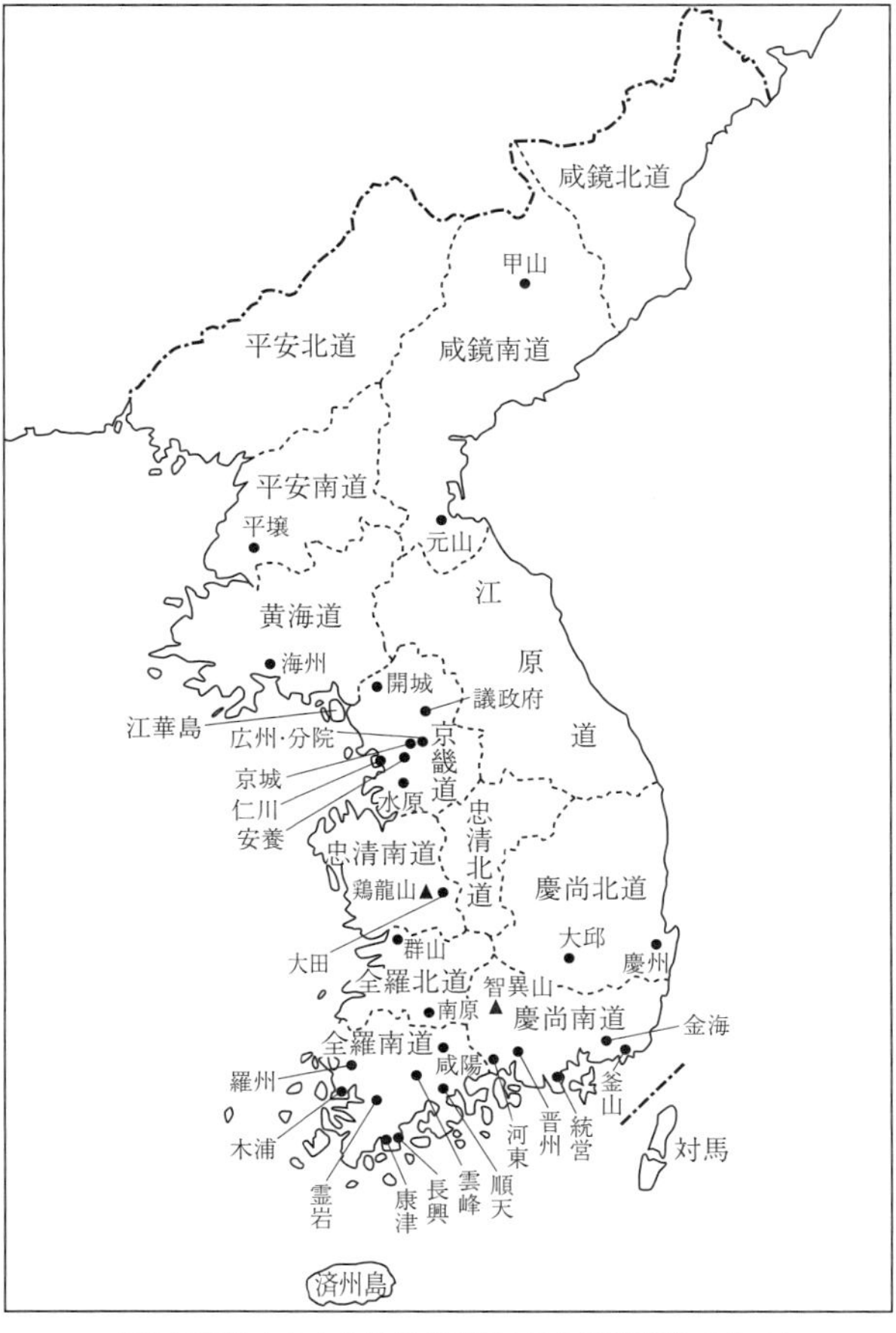

本書に登場する主な地名(道界は日本統治時代のもの)

浅川巧(左)と青花辰砂蓮華文壺.
右はインド人の陶芸家シング.

凡　例

一、本書の底本には左記のものを用いた。

「朝鮮の膳」　『朝鮮の膳』民芸叢書第三篇、工政会出版部、一九二九(昭和四)年
「朝鮮の棚と箪笥類について」　『帝国工芸』一九三〇(昭和五)年二月号
「窯跡めぐりの一日」　『白樺』一九二二(大正十一)年九月号
「窯跡めぐりの旅を終えて」　『アトリエ』一九二五(大正十四)年四月号
「窯跡めぐり〔の旅〕を終えて　(2)」　『アトリエ』一九二五(大正十四)年五月号
「分院窯跡考」　『大調和』一九二七(昭和二)年十二月号
「金海」　『工芸』一九三四(昭和九)年三月号
「水落山(三度目)」　遺稿
「北漢山一周」　遺稿
「朝鮮茶碗」　『工芸』一九三一(昭和六)年五月号
「朝鮮窯業振興に関する意見」　『工芸』一九三一(昭和六)年七月号

「朝鮮小女」　遺稿

一、文庫版にするにあたり、次のような整理を行なった。
　1　字体は原則として新字体に、仮名づかいは現代仮名づかいに改めた。
　2　一部の漢字を仮名に直し、難読と思われる漢字に振り仮名を付した。
　3　会話文の所で、底本が二重カギで括ってあるのを一重カギに直した箇所がある。また、書名には二重カギを付した。
　4　明らかな誤植は正したが、誤植と思われる語についてはその語のすぐ下に適切と思われる語を〔　〕で括って小さな文字で示した。
　5　脱字と思われる語や、句読点があった方がよいと思われる箇所についても、当該箇所に〔　〕で括って小さな文字で示した。
一、必要と思われる注は各篇ごとに(1)(2)……と注番号を付し、巻末に一括して掲げた。
一、本文中に、現在では差別的な表現とされるような語が用いられている所もあるが、原文の歴史性を考慮してそのままとした。
一、巻頭ならびに一四五頁と一六三頁の地図は今回新たに作成したものである。

目 次

朝鮮の膳

この書を祖父故四友先生(1)の霊に捧ぐ

敬愛する祖父よ、

生れし時すでに、父の亡かりし私は、あなたの慈愛と感化とを多分に受けしことを思う。

清貧に安んじ、働くことを悦《よろこ》び、郷党を導くに温情を以てし、村事に当って公平無私なりしその生涯は追慕するだに嬉し。

今年の夏村人挙《こぞ》って鎮守の森にその頌徳碑を建てしと聞けど、郷里を遥か離れてすでに二十年、墓参すら意の如くならざる身のせんすべもなくこの貧しき書を供物《くもつ》に代《か》う。

昭和三年十二月

京城郊外清涼里(2)において

孫　巧

序

朝鮮の木工品は陶器等におけると同様特殊の味を持ったよきものである。この頃ぼつぼつ顧る人が殖《ふ》えて来かけたようであるが、これから後更に一層認められる時が来ると思う。四方棚《よほうだな》（3）、机、文匣《ぶんこう》（4）、簞笥《たんす》、鏡台、小箱、枕、状差などに多くの種類と優秀な作を見る。これらに関しても機を得て書き留めて置きたく思うがここには差し当り膳を選んだ。膳は生活に関係最も深く如何なる家庭にもこれを持たぬものはないはずであるから、種類等差も随分複雑であり、従って手軽に多種を集めることが出来たので先《ま》ずこれから紹介することにした。

これに記すところは系統的の研究とか、論拠の整然とした考証とかいう種類のものでなく、朝鮮の人達との長い間の交際が生んだ極めて通俗的の叙述に過ぎない。しかしそれでも朝鮮の若い人達の間に既に忘れられた事項も少なくないようである。本書に載せた写真を示せば、かくも立派な器物が自国に在ったかと驚く青年すら稀《まれ》でない。これらのことはここ暫《しばら》く過ぎたら更に不明になると思う。本書は見たり聞いたりした事実を出来るだけ忠実に記載したつもりである。聞き誤りや説明に不備の点もありはせぬかと気にしつつも、書かぬと更に不明になる心配の方を強く感じて書いた。

その日常生活に私を近づけ、見聞の機会を与え、私の問に親切に答えてくれた朝鮮の友、数えきれないほど多数の方々を一括してここに謝意を表し、なお親しみの一層加えらるることを希《ねが》って歇《や》まぬ。

この書に載する所の写真の大部分は畏友柳兄(5)の周到なる配慮によって出来たもの、なおこの稿が世に出るまでの一切の世話もまた同兄の骨折であることを特記して深く感謝する。

昭和三年十二月二日

浅川　巧

一

正しき工芸品は親切な使用者の手によって次第にその特質の美を発揮するもので、使用者は或《ある》意味での仕上工とも言い得る。器物からいうと自身働くことによって次第にその品格を増すことになる。然《しか》るに如斯《かくのごとき》工芸品は世に段々少なくなる傾向がある。即ちこの頃の流行は器物が製作者の手から離れる時が仕上ったときで、その後は使用と共に破壊に近づく運命きり持っていない。官庁納めの建具などにもこの類のものが多いようである。製作者は使用者に渡す納入までの責任のみを感じ、興味は代金の領収にかかっている。だから納入の時は大騒ぎである。主人自ら人足に附添って搬入し、指定の場所に大事に置くのだが、甚しい代物になるとそれまで造られた姿勢を保てないものさえある。持ち込みさえすればいろんな説明つきで素人の役人を納得させ、検収の印を捺《お》させてしまうようのこともないとは限らぬ。こうした器物になると仕上って居るとは名のみで、辛《かろう》じて要求された状態を維持しているまでである。つまり器物を構成する諸材料がその装いの上に各々《おのおの》その能力を出し切って居て、それからさきは使用と共に次第に醜くなるのみで美しさを増す余裕を与えられていないのである。例えば当然の用途に、正当な注意を以て使われて居ながら、次第にその醜態を露《あら》わし、表面の塗りが禿《は》げたり、枘《ほぞ》(6)が折れて形が歪《ゆが》んだり、接《つ》ぎ目が離れて口が開いたりして段々見窄《みすぼ》らしい有様になって行くが如きものであって、これらは正しき工芸品と見ることは出来ない。

そこで正しき工芸品とはどんなものかというと、これには種々の定義もあり方面を異にした様々の議論もあると思うが、以上の結果から最も簡単な標準の一つを挙げれば、工芸品真偽の鑑別は使われてよくなるか悪くなるかの点で判然すると思う。極端な例ではあるが、有りふれた処で、仮漆塗《かしつぬり》のちゃぶ台や琺瑯《ほうろう》を引いた薬缶《やかん》を、朝鮮の膳や南部鉄瓶《てつびん》に比較するとはっきりする。一方は使用する日数に比例してその品位を増し、使用者から次第に愛されて行くのに、一方は使われる月日の経つと共に廃頽《はいたい》に近づいて行くべき哀れな運命を持って生れて来ている。

一家の食物を載せ、団欒《だんらん》の中心ともなる膳の面が月日と共に醜く禿げて行ったり、その脚が緩んで何時《いつ》も不安な感じを与えたりしたとしたら、その家庭に及ぼす直接間接の損害は決して少なくないと思う。

然《しか》るに朝鮮の膳は淳美端正の姿を有《も》ちながらよく吾人の日常生活に親しく仕え、年と共に雅味を増すのだから正しき工芸の代表とも称すべきものである。ここに特に本問題を選んだ訳もその点にある。

これはよく見る光景であるが京城から元山(7)に行く汽車の中で、間島(8)方面へ移住する貧しく疲れ切った農夫の一家が、その馴れない長い旅の道中に、邪魔とも思わず客車内に持ち込んでいる荷物のうちには、新らしいパカチ(9)などと一緒に美しく拭きならされた膳を見うける。住み馴れた家も売り、農事における唯一の力と頼む牛も人手に渡し、親戚知人とも別れて知らない遠い国へ旅立つその家庭にも、使い馴らされた膳は見捨てられないものと見える。また京城でも家移《やうつり》に運ばれる荷物が通るのを見ていると、満載された諸道具の上に古く美しい膳の添えられて居ないことは殆《ほとん》どない。

京城には全道の人が集まっているが、その越して来る時大抵《たいてい》前述のようにして膳を持ち込んだものと見えて、そこには随分多種多様の種類を見ることが出来る。

今、それらについて産地、形態、材料、時代、用途等の諸項について考えて見ることにする。

二

本問に入る前に膳の範囲を定めて置く要があると思う。普通に膳と呼ぶものは食事の時食器を載せる器物で盤と脚とから成って居る。その脚の関係でこれが著しく低いとかまたは全く脚がなくて会席膳のようになるとむしろ盆という方が穏当になり、これに反し高くなると机または卓に近づいて行くので区別が面倒になるが、その範囲を定むべき一定の寸法はもとよりない。元来朝鮮ではそれらを普通に膳とは呼ばず、膳は饍と同様に調理された食物という意味に用いられる字である。尤《もっと》もこの意味は日本語にもあるのだが、本問の膳に当る朝鮮語の普通の文字は食盤または盤、あるいは飯床、食床または単に床等であるから、別に寸法に拘泥《こうでい》せず、主として盤とか床とか名のつく種類のものに限ることにする。しかし総称として呼ぶ場合吾々は普通に膳と言い馴れているから、以下特別な場合の外やはり膳と書くことにする。

膳の歴史考古学的考証に関しては別段の材料を有たないが、恐らく人類が木材を使用しはじめた最初のものの内に加えられる器物だと思う。はじめは食物を調理する俎《まないた》の用にも混用したらしくまた食物を他の不潔のものと別《わ》けて清潔に保つために、その他食物を取揃えて運ぶために、またこれを神とか上長とかの前に供える等の用途を有し、人類が穴居して居た時代でも今日同様日常なくてならぬ道具であったろうと思う。要するに人間の智慧《ちえ》が進み清潔とか礼儀とかいうことを考えるようになったら、当然真っ先きに用意さるべき器物ではあるまいか。現に朝鮮の田舎に入ると四本足で膳の形に近い俎の式が残っている。なお朝鮮人は室内で椅子を用いず坐っている関係もあり、膳には余り支那の影響を受けていないようにも思えるので、今に伝わる型のうちには相当古い様式のものもあると想像する。

膳の生産地は古い時代においては、到る処山間の農村であって、そこには膳を作ることを渡世とする専門の職人もあり、また百姓であって農閑を利用してこれに従事する者も少なくなかった。山奥のことであれば彼らは山中で任意の大木を伐倒《きりたお》し、最も適当な部分の材だけを木取りして持ち帰り、乾燥して置いて野ら仕事のひまな時、または野外の仕事に適しないような老人などが徐《おもむ》ろに細工をして出来次第最寄《もより》の市場に持って出て、必要な雑貨と交換して帰るという風に、気の長い順序で生産されるものが少なくない。今でも田舎の市場を賑わす工芸品の多くは大方その轍《てつ》を履《ふ》んでいる。従って同質同形のものを多数得ようと望むが如きは無理な相談である。彼らは材料の質に応じその寸法に従って極めて自然にかつ自由に工作するのであるから、因《もと》より揃わせることなど考えていないらしい。従って買う者に撰択《せんたく》の興味を与える。そのため朝鮮の田舎者などが物を買う時、当然質の一定している物品でも一々撰択に時間を費《つい》やすのを見る。商人もまたこれを拒むようなことは決してしない。これは以上の習慣から来ているらしい。数に依って売るものは果物や菓子、饅頭《まんじゅう》、紙などまで撰択の自由が与えられている。食物などはともかく、器物を撰択して買うことは興味深いことである。前に述べた如く使用者を器物の仕上に関与させるためにはむしろ撰択の余地を多くして置き、なお仕上げるまでの行程の一部を使用者のために遺《のこ》すことも面白い事と思う。田舎の市場へ行くと、白盤と称し塗料を施さず殆ど半製品のままで売っている膳もある。これらは化粧なしで直ちに家庭に入り使用者の手で紅柄(10)や荏胡麻《えごま》の油、または生漆《きうるし》などの塗料が施されて、使用されつつ研《みが》きならされる。かかる場合その一家から一層親しみを以て扱われるのも当然と思う。また喪中においては白盤をそのまま使用する。

三

各地方に産する膳のうち地方色の最も著しい代表的のものは慶尚南道の統営産[11]、全羅南道の羅州産[12]、黄海道の海州産[13]等である。羅州地方のものは普通挿絵X XIの如き型で一般に羅州盤または羅盤と呼ばれ、その分布〔は〕最も広い。統営地方のものは主に挿絵XII XVの如き姿をなし、統営盤または統営床等と呼ばれ、次に海州地方のものは多く挿絵XVIII乃至《ないし》XXIVの如き構造で、海州盤と称されている。現今では地方的に判然たる区域はないが、慶尚南北道には統営盤式、全羅南北、忠清南北の各道には羅州盤式、西鮮地方[14]及《および》江原道には海州盤式のものが多いようである。それで羅州盤、統営盤、海州盤等の名称は産地を名乗る意味においては何処《どこ》物、型式を表わす場合何々式という意を含みまたその二つを同時に言い表わす言葉にもなっている。

以上代表的産地の沿革等は詳《つまびら》かでないが、今『牧民心書』に書き遺された羅州木工に関する記録を見るに、「茶山筆談云、羅州有所謂木物差人、歳以軍校為之、此人例兼十二島之主人、歳収禾麦六千余石(十五斗為一石)魚鰒海菜綿絮之等、誅求無厭、又以銭防

之、偏訪諸路、凡軍校之饌、無以踰是也、乃府中工作所需、奇材文木、及其雕刻之費、皆此人供之、故無贏衍、嗟乎浚削民膏、以肥一校、使防工作之費、非良牧之所宜因也」(15)

木物差人は木工品の御用供給者の如きものかと思う。彼、身を軍籍に置きかつ広き土地を領して官署の所要木工品を一手に供給し、職権を濫用して私利をはかったものと見える。十二島は群山沖に散在する小群島であるからいわゆる奇材文木もあるいはこの島から多く斫《き》り出したかも知れない。この書き振りによると、その時代においても専横なる権勢の下に匠人らが駆使された状態は現代にも似ているが、現代とは社会制度も異なり、従って経済組織が著しく変っているので粗悪なものを濫造《らんぞう》して資本家の利益になるようなことは思いもよらなかったことと思う。匠人の駆使されたのは今日の如く工程を急ぐためでなくして、更により佳《よ》きものを作ることを強いられることにあったであろう。従って匠人にとって経済的に恵まれないこと現代同様であったにしても、佳きものを作る楽しみ、即ちこの楽しみは匠人に与えられた特権であるが、この特権だけは奪われていなかったにちがいない。それはその時代の作品が如実に物語っている。話は少し余談にわたるが、当時におけるかかる制度の非を論じた茶山の識見は敬服に価する。茶山は即ち『牧民心書』の著者丁若鏞であって、正祖の朝の文臣であるが、彼の兄若鍾は邪教

(天主教)信徒の故を以て捕えられ獄中に坐死し、茶山もまた煩を受けて康津[16]に流罪の身となり配所において著述を続けたものである。また統営の木工は古くより世に知られ、已《すで》に高麗《こうらい》朝[17]においてもその螺鈿《らでん》漆工は有名であった。膳に螺鈿を施したものは多分一般の民器ではなかったと思うが、古い型のものに残っている。高麗時代は統営漆工の盛《さかん》な時代で螺函《らかん》造成都監まで置かれたほどである。螺鈿はまた青磁に象嵌《ぞうがん》した器と同じ味である事も同時代の産物として争われない処である。『高麗図経』に見える「用漆作不甚工而螺鈿之子(疑工字之訛鄭刻同)細密可貴[18]」の評あるものもここの所産らしい。

統営盤と羅州盤との構造を比較して異なる処は大体第一図の通りであって、前者は盤が縁を残して彫った一枚の板から成り、脚が盤に枘《ほぞ》を以て固着し、脚には四辺を周《めぐ》る上下二段の桟《さん》(中帯)を附し、上段の桟と盤との間に模様のある欄間《らんま》様の板(欄干)を四面に嵌《は》めてあるが、後者は盤の縁が多く接合であり、盤の直下に雲文脚《うんもんきゃく》または雲脚と呼ぶ挽《ひき》曲《ま》げの枠が刻《ほ》り込まれ、その枠を脚の上部を以て挟み更に枠の内側になった脚の一端は枘で盤の裏に挿し込まれ、四辺を周る桟はこれを欠くかまたは脚の中間よりやや上に寄って一条ある。また後者のうちには柱状の脚を有たず、曲げ物かまたは板を接《つ》ぎ合せた枠のやや丈《たけ》高きものを附けた宛然《えんぜん》日本の三宝〔三方〕に近い姿のものもある。

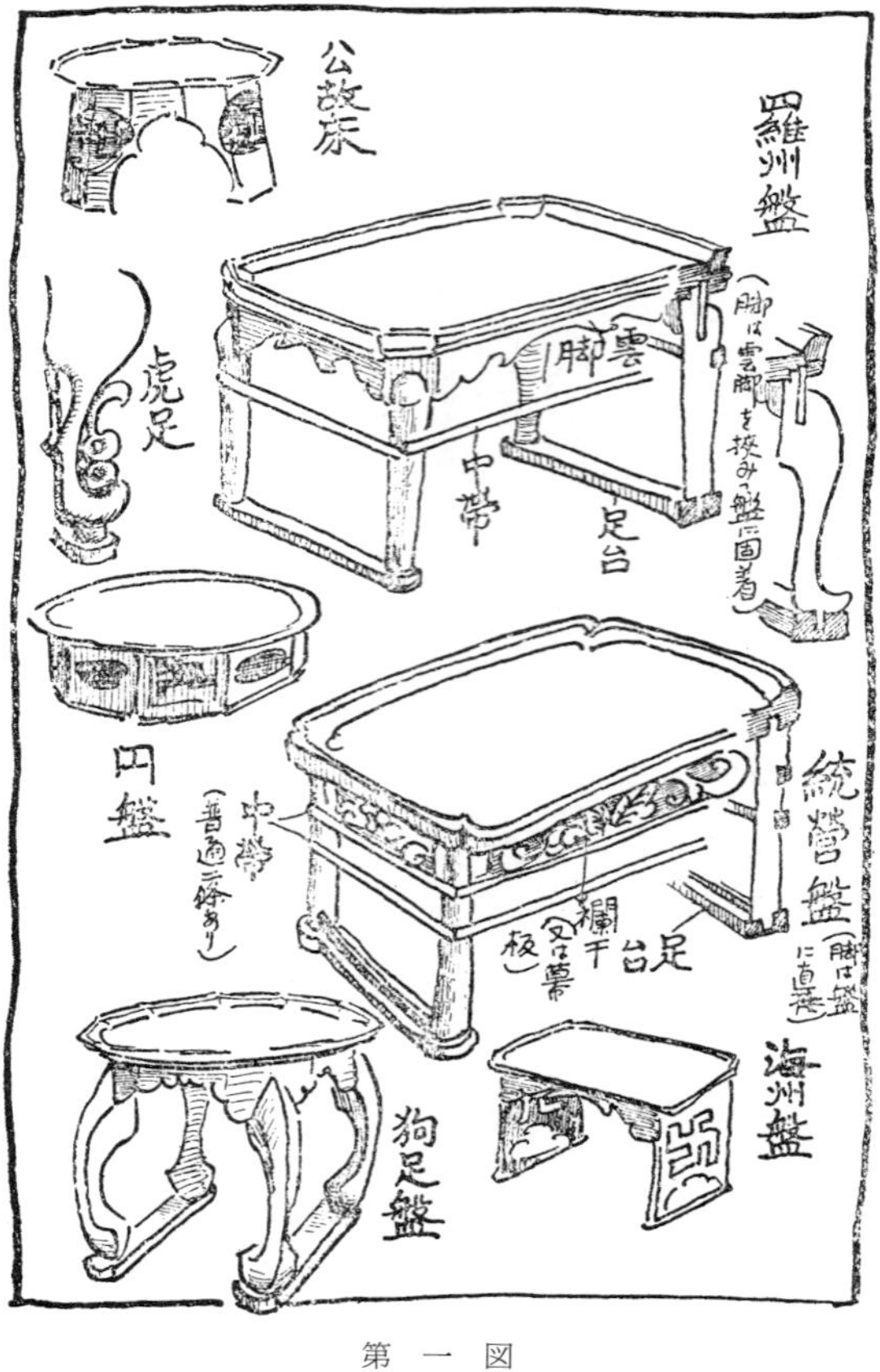
公故床
羅州盤
(脚は雲脚を挟みて盤に固着)
雲脚
中帯
足台
虎足
円盤
中帯
(普通二條あり)
欄干
(又は幕板)
足台
統営盤
(脚は盤に直差)
海州盤
狗足盤

第一図

次に海州盤は全体板のみで作られ、盤面は統営盤同様彫ったもので、盤の下面左右両端に近い処に透彫《すかしぼり》のある板が机の脚の如く附き、前後両面に雲脚が施されて飾りと足堅めの用をしている。

以上三種の外に最も多い型の一つであって狗足食盤（ケータリソバン）というのがある。これはいわゆる猫足の如く彎曲《わんきょく》して下端が内側に向っている四本の足を有っている。脚は大体四角であるが盤との附け根が太く素朴で、模様などは殆どなくして力強く見え、足台はあるが桟はない。脚の盤に附く構造はほぼ羅州盤の式で、この型は比較的古いものに多く、螺鈿のある古い式のものにこれを見また田舎の民家では奥地において多く見られ、今では咸鏡道、江原道の山奥において最も普通なものである。

四

以上はおよそ基準な型を説明しただけであるが、更に形態の細部に入ると、盤の円《まる》いもの、多角形のもの、長方形のものなどがあり、長方形のものは机に似ているから冊床盤、多角形や円形のものは円盤、四角形のものは四隅盤または四方盤と呼ばれる。前記各式のうちにまた冊床盤も円盤もあるのであるが大体からいうと、統営盤、海州盤には長方形が似合い、羅州盤、狗足盤には多角形または円形が多い。多角形は概《おおむ》ね十二角を普通とし八角のものも稀にある。以上は大体の傾向であって時にいずれにも属しないような異式のもの、各式折衷《せっちゅう》のもののもないではない。しかも最近の傾向は一般に長方形のものが多く作られるようで、羅州盤にも長方形を多く見るようになった。これは型の流行であると同時に大材の不足や工費の省略等工作上の関係から来ている現象らしい。

膳の大《おお》さは通常盤面一平方尺半内外、高さ八寸乃至《ないし》一尺位であるが、この半分位の大さのもある。これは多く杯《さかずき》や酒の肴《さかな》を載せるために用いられるので酒床または酒案と名づけられ日本の二の膳という風に使用される。酒床には随分種々な型がある。一本足の単脚盤または蓮葉盤と呼ばれるものや外方に彎曲した短い脚の俗称アンガパリというものなど、珍奇な姿のものが多い。またアンガパリに似たもので祭器の小膳に倭盤というものがあり、それからなお変ったものには、公故床または番床と呼ばれるものに、盤面十二角で脚は八角または十二角の裾《すそ》の拡がった筒状をなし、その前面または前後両面の下部に瓦燈口(19)が明けられ、側方に透彫の施された膳がある。これは官吏の弁当などをその勤め先きへ運びそのまま食事するように出来て居て、時にこれに箸《はし》や匙《さじ》を入れる抽《ひき》

富貴
多男
主人の食事
初誕生祝の膳
(母達は屏風のかげから子供が何に手を出すかを見守ってゐる)
番床を運ぶ人
嫁の食事

第 二 図

出《だ》しの附属しているものもある。これを運ぶには食器を列《なら》べた上を油紙か風呂敷で被《おお》いこれを盤の裏に縛り附け、膳の底に頭を入れて、脚の裾にあけてある瓦燈口から自分の足もとを見つつ歩くので、この役は多く丁稚《でっち》か女中が勤めるのである。また祝《いわい》の時に美しく色どりされた料理を載せたり、祭礼に供物《くもつ》をする大きい円盤がある。これは多く脚を接合したものでなく全体一つの木からなる繰〔刳《く》〕り物が多く、名は大円盤であるが、大いさに従って大、中、小、などの字が冠される。脚部も共に円いのが普通であるが、時に十二角に面を取り[20]その面に彫刻のあるものもある。また盤面を半円形にして三脚を附したものに半月盤と呼ぶものがあり、宮中用として造られ、特に手のこんだものは大《たい》闕《けつ》盤または闕盤、特別の彫刻や意匠を凝《こら》したものを別盤などと呼ぶ名もある。この外《ほか》交子牀という長方形の大食卓や、祭の時祭器を列べるために造られ必要に応じ組み立てて使用する祭床とか種々あるが、次第に膳の感じから縁遠くなるから種類のことはこの位に止《とど》めて次に材料の説明に移る。

五

膳の用材として盤面に最も多く使用されるものはいちょう、しなのき、はんのき、けやき等である。これが適材としての資格を考えて見るに、幅広くして狂い少なく、細工が容易で堅牢でかつ軽く、面の美しいものでなければならぬ。前記の樹種はほぼそれらの条件を具備している訳である。なおあかまつ、はりぎり、ごようまつ、どろやなぎ、えのき、えんじゅ、くるみ、きり、おのおれかんば等を使ったものもある。これらはその地方地方で有りふれた材のうちから比較的役に立つものを選んで使用したものであろう。

盤は膳の主要部分であるから盤材の名を膳の上に冠して呼ぶ名称さえある。例えば銀杏《いちょう》の膳を杏子床、けやきの膳を槻木盤等呼ぶが如くである。次に脚には多くあかまつ、けやき、はんのき、いちょう、かえで、とねりこなど丈夫な材が用いられ、雲脚には普通やなぎ、どろのきが賞用される。これは板に鋸目《のこめ》を入れて曲げる際、その折れ難い性質を必要とするからである。また欄間《らんま》その他の部分で彫刻を多く施す処にはいちょう、しなのき、はんのき、やなぎ、ごようまつ等細工のし易い材が選ばれる。

以上列記した木材の大部分は俗に言う雑木《ぞうき》に属するもので、雑木とはすぎ、ひのき、ひば、あかまつ等針葉樹に属する良木以外のものや、紫檀《したん》、黒檀の如き唐木類等に対し、ありふれた各種の闊葉樹《かつようじゅ》につけられた名称であって、朝鮮の膳の有つ面の温い味は、一つは実にこの雑木から来ている。雑木は概ね木理《もくめ》が複雑で変化が多く、堅靭な性質に富み、研《みが》けば温かい光沢が出るが、いわゆる良木はかえって木理が整然として居て面白味が少なく、乾割《ひわ》れを生じ易かったり、艶《つや》も雑木に及ばない等の欠点がある。

六

次に塗料について調べて見るに上等のものは朱漆や黒漆であるが、李朝《りちょう》(21)の時代においては朱漆は殆ど宮中用に限られ、『経国大典』にも朱漆器は一般には禁ぜられてあった。それで最も普通のものは生漆を塗ったいわゆる生地塗という手のものでこれがまた雑木の味を一層よく見せているのである。また黄土や、朱土(紅柄)で着色して上に乾性油を塗付し拭き込んで雑木の真の味を出したものも佳《よ》いものである。一体雑木の面白味なども夙《つと》に我《わが》茶人らは認めて居た。彼らは全く仕上工の態度で日常の使用と手入とを一緒に考えて居たようである。従って使う事を「馴らす」などと呼び、煎茶《せんちゃ》に凝って居る人の説明によれば、馴らされた盆の味を見て日常用いた茶の質まで判断出来るということである。かく使用するには相当意を用いなくてはならぬ事はいうまでもないが、使うことに相当興味を有ったことも認められる。その興味のうちには器物の美を完成する仕上工の興味も多分に含まれて居る訳である。

一体器物の美しさは長い間の使用手入によって完成されることは前からしばしば繰返して述べて来たが、その長い間の使用中にはとかく破損の厄を蒙《こうむ》る機会も多い訳で、当初数の多かった器物でも長年月の使用に堪《た》え、破壊の厄を遁《のが》れ、研き上げられて現存する品は、実に尊敬すべき貴重品といわなくてはならぬ。初めから素性が悪かったり、病気を持ったり、不自然の境遇に置かれたりしたものなら、単に形骸を遺すことすら不可能なはずである。次に美しく馴らされた雑木物の保存のことを考えて見る。貴重品として扱うためにその使用を禁じ棚に上げあるいは絹に包んで大切に箱に納めて置いた処で保存の目的は達せられない。そこがまた面白味のある処で、雑木物は蒔絵《まきえ》や螺鈿など と異《ことな》り、やはり日常の愛用に優る保存法はないのである。そこに雑木生地塗の特色が存する。

なお変った材料には紙縒《こより》を編んで膳の全体を作り漆または乾性油を塗って固めたものなども稀に見る(挿絵第Ⅳ)。

それから縁や桟、雲脚などの接合には普通竹釘と膠《にかわ》を使用する。膠には鮸《にべ》の鰾《うきぶくろ》を最上とし、今でも確実な匠人はこれを使用している。俗に膠を「にべ」と呼ぶのもここから来ているらしい。

漆には普通生漆と火漆《ひうるし》とがある。生漆は生立木または伐倒した木の生の状態から掻《か》き採ったもので、火漆は伐倒して生漆を採った後材を管切りして火に炙《あぶ》り湧き出る液を集めたものである。その質は後者が著しく前者に劣るという話である。掻き採った漆液は真綿で二、三遍濾過《ろか》し糟《かす》を除き素地《きじ》に直ちに塗ることが出来る。しかし今は土産のものは殆どなく大概輸移入品を使用して居るが、それらには混合物が多く純粋の生漆は稀なる由である。上手《じょうて》ものは漆下に麻布または楮紙《こうぞがみ》を張り、特別に精製した漆に朱などを混じて塗るのだそうであるが、今はその仕事をするもの〔も〕殆どない。

七

次に工作の順序を簡単に述べることにし、例を統営盤に採って考えて見る。

盤面となるべき木材を厚さ八分乃至《ないし》一寸位、広さは一枚の盤に適する程度として厚板に挽《ひ》き、これを陽地において乾燥したる後、家に運び更に屋根裏等に約一箇年放置して、充分乾燥させる。かくすることを俗に材を枯らすという。木取《きどり》が枯れたら盤の面を鑿《のみ》で掘り、小形の鉋《かんな》で均《なら》し、内面が出来てから外側や裏面を内側に従って削り、盤の裏面の四隅に孔《あな》を穿《うが》ち別に用意して置いた脚の柄を挿し込み、脚の外側には二段の桟を切り込み、なお脚の下端には足台を附し、上段の桟と盤との間に欄干と名づくる彫刻ある板を嵌《は》め込む。またこの欄干と上段の桟とを兼ねた、透彫《すかしぼり》あるやや幅広の板を当てることもある。これらの各部は膠と竹釘とで堅く接合される。これより前各部分は刃物で削った上を木賊《とくさ》で摺《こす》り滑かにして置き、堅く接合したら全体に漆を塗る。漆は普通四、五遍塗るのであるが、一度塗ったら乾くを待って木賊を以て平滑に均し、後に二度目の漆を塗る。塗るには刷毛《はけ》を使用し前の方法を数次繰り返す。漆を乾かすには湿気の多い室がよろしいので冬分は湿った穴蔵に置いている。生地塗の出来上ったものは最初紫褐色を呈し黒っぽく見えるが、日を経るに従って赤味を帯びいわゆる春慶塗《しゅんけいぬり》のような暖かい色になる。

筆者はしばしば老練な匠人らの仕事場を訪《おと》ずれその熟達した手先きの働きを飽かずに見守って時の移るを知らないことがある。

そこには特別な器具も複雑な設計もなくして仕事は淀みなくすらすらと進捗《しんちょく》する。急ぎもしないが躊躇がなく自信のある運びである。その長煙管《キセル》を嚙《か》んだ白鬚《しらひげ》の間から思い出したように時々煙を吐きつつ無念のうちに工作される。そこには少しの無理もないように見られ、実に平和な姿である。

人には一面働き蜂のように工作とか生産とかいうことに本能的に興味を有つ性質があるように思う。しかしそれらの興味は何時《いつ》の間にか資本というようなものの占有する不当な特権のために蹂躙《じゅうりん》されてしまった感がある。そして残るものはすべての人の上にかかる生存上の不安のみである。その不安は人の作るあらゆる物の上に現れている。従って不快な作品が世を毒するのでなくて、不健全な世相が奇形児を生んだのである。

何仕事でも終生倦《う》まずに働き通せたらその人は幸福だと思う。人類全体もその人からお蔭を蒙《こうむ》ることが多いであろう。けだし資本の向うを張る労働でなくて資本があってもそれに自由にされない仕事、またなくても勝手に仕遂げられる仕事でなくては人間に平安を来たらさないであろう。

現在の機械工業において職工は年寄れば殆ど廃人同様になる。これは職工ばかりでなく現社会のあらゆる階級において見る現象であって、人は仕事の興味を終生つづけることが出来ない約束が出来ている。然るに従来の匠人らは幸福に仕事をしたように思える。

こんなことを考えながら年寄った匠人らの働く手さきを眺めていると、吾々の生活を浄化し奮起を促す不思議な力を感ずる。

その次に膳の姿の上に現れた特色を挙げて見ると、朝鮮の木工品の特性としてすべて線の交わる部分が角張らずに円味《まるみ》を帯ぶるか、いわゆる面が取ってあって穏かに接触している。一例を挙げると盤面の隅であるが隅切《すみきり》、隅入《すみいれ》[22]、円隅《まるずみ》等いずれもすなおな形で、それがまた更に多くの変化を見せている。また脚にも随分変化が多い。いずれも建築における柱か、動物の四肢を思わせるような均整な寸法を有っていて、直立するもの、彎曲するもの、裾がやや拡がって特に安定の感じを与えるものなどでまたその間に配された簡明にして豊《ゆたか》な線の浮彫や透彫の模様は、佳き建築の装飾された玄関や窓口を思わせる。普通に見る模様の種類は鳥、蝶《ちょう》、魚、蝙蝠《こうもり》、鶴、梅、竹、芭蕉《ばしょう》、草龍《そうりゅう》(唐草《からくさ》)、不老草(霊芝《れいし》)、蓮花、蓮葉、菊花、牡丹《ぼたん》、百合《ゆり》、柘榴《ざくろ》、草花、卍《まんじ》、大極(太極)、双喜(囍)、唐寿福、完字、亜字、雷文《らいもん》、木瓜《ぼけ》渦《うず》、雲、眼象[23]、紗綾形《さやがた》、輪違《わちがい》[24]、菱形等であり、いずれも寿福康寧《こうねい》を象徴するものが主とされている。以上はあるいは線彫、あるいは陽刻、あるいは透彫等の方法で極めて穏かに使いこなされ、自然に生れたもののような調子で刻みつけられてある。

元来器物に附けられた模様の余りに複雑なのや文字の説明的なのは俗悪なことというまでもないが、そうした感を起こさせるものを朝鮮の膳において殆ど見ない。特に古い手のものになると仕事に無駄がなくてしかも叮嚀《ていねい》であって、いずれも模様と全体の姿とがしっくり調和している。例えば盤も脚も直線から成って居る海州盤や番床の如きものには、直線または正円を含んだ模様が配され、曲った脚を有つ狗足盤、虎足盤、羅州盤の盤板に脚を接続するには棚引くような雲文のいわゆる雲脚をその中間に置いて調和をはかっている辺《あたり》、実に感心に価する。尤《もっと》も創《はじ》めに作った人はそんな理窟は考えなかったかも知れないが、模様が単なる飾《かざり》としてつけられているのでなくて模様そのものに、膳そのものの構造上の或役割が課せられていること、あたかも建築の各部分にも似て居る。例えば番床の脚を飾る瓦燈口は膳を頭上に戴いた場合前方を眺めるための門口であり、側方の卍の透彫も明《あかり》をとるために必要の窓である。また大円盤の脚につけられている二つの眼象は、宛然《えんぜん》箱火鉢にある海鼠《なまこ》形の手掛穴のような役を務めて居るし、羅州盤や海州盤に必要な雲脚は実に足を固定させるためになくてならぬものであり、統営盤の欄干は頬杖の働きを持ち、海州盤の脚の透彫は膳の下に明を入れ全体を軽く見せる効果を有し、各式とも足台は膳に安定の感を保たせる外に、実際足堅めの重任を負っている等、いずれも相当の役割を果している。

凡《すべ》ての場合正しき使命を有つものの存在は飾りになっても邪魔にならない。邪魔になるものは無用のものに限る。世の中も重き任務を有つものがその能力を内に秘して常に微笑していたとしたら天下は泰平である。必要な部分の模様化された相はその微笑にも等しい。世の中に無用のやくざ者が力み出すほど有害で不快なものはあるまい。その結果は傲慢と不安のために世を喧擾《けんじょう》に導くのみである。近頃作られる膳には感心しないものをしばしば見る事がある。正しき伝統を破って更によきものを作ることは随分困難なことに相違ない。単に古い物と異ったものを作って人目を引こうというような考えから、あるいは螺鈿を鏤《ちりば》め、あるいは盛り沢山に彫刻を施し、あるいは色彩を複雑にする等の企てはかえって工芸を毒するものである。

八

終りに膳の変遷について考えこの稿を閉ずることにする。

古い時代の膳は今見ることも出来ないが、膳に相当する朝鮮の常用漢字を拾って見ると牀、床、盤、俎等であって時に机、案及《および》卓の字なども用いらるる場合がある。『全韻玉篇』に拠れば床は牀の俗字としてあるが床の方が普通に用いられている事は盤の字と共に以上使って来た通りである。俎は普通吾々は「まないた」と思っていたが供物をする祭器にも当る。なお朝鮮では机の字もまた「まないた」(トマ)の訓読を以〔持〕ってい る。尤も朝鮮の田舎には厚板に四本の脚を附けた膳そのままの俎が今もなお普通に使用されている地方がある。これから想像するに、あるいは往古机、俎等「まないた」と膳とは共通であって、ともに「トマ」と呼んで居たかも知れない。「トマ」は未開の時代人間が清潔を好み礼儀を考えるようになって先《ま》ず第一着に考案された器物かと思う。それが後になって一方は食物を調理するための台に使われ、他方は調理済のものを供える台として別に用いられるようになったのかも知れない。尤も居住する部屋が一つきりなくて、しかも狭かったなら、俎と机とを兼用にするのは当然かも知れない。膳とか、盤とか、床とかいう言葉はいずれも字音であって共通の「トマ」のみ訓読であることも幾分その辺の消息を物語っては居まいかと思う。

俎は『宮園儀』、『闕里誌』等に拠れば「釈尊儀云俎長一尺八寸闊八寸高八寸五分漆両端以朱中黒(25)」とあり、猫足を有する長方形の膳である。これをまた『高麗図経』に見るに、丹漆俎の条に「丹漆俎蓋王官平日所用也、坐於榻上而以器皿登俎対食、故飲食以俎数多寡分尊卑、使副入館日饋三食、食以五俎其器皿悉皆黄金塗之、凡俎縦広三尺、横二尺高二尺五寸」(26)〔、〕黒漆俎「食俎之制大小一等特紅黒之異〔、〕都轄提轄及上節、館中日饋三食、食三俎、中節二俎、下節則以連牀、五人並一席而食之」(27)、また茶俎の条に「館中以紅俎、布列茶具於其中而以紅紗巾冪之」(28)、なおまた饋食の条には「器皿多用金銀、而雑以青陶、盤櫝皆木為之而黒漆」(29)。以上の記録に拠れば高麗時代の王者をはじめ高貴の士に用いられた食盤はほぼ想像出来ると思う。大方今釈奠《せきてん》などに用いらるるような長方形猫足式の膳または卓であって、紅または黒塗で上等なものほど精巧な彫刻も施されてあったにちがいない。李朝に入っても恐らくこれらの制度はなかなか更《あらた》まらなかった事と思う。余り古い材料でもないが李朝憲宗時代と推断する膳を見るに（挿絵IX参照）姿も彫刻も塗も過ぎし王朝時代の栄華をそのままに偲《しの》ばせて居る。この盤の裏面には諺文(30)で次の文字が彫りつけられてある。「戊戌慈慶殿庫間已有一双」(31)であって、これは諺文に漢字を当てたのだから誤りなきを保《ほ》し難いが、戊戌は干支《かんし》の名（一八三八年）慈慶殿は昌慶宮内の一宮殿で大妃の御座所、庫間は什器《じゅうき》を納める倉庫であり、その次の已有は備付とか常置とかいう意味のものらしく一双は一対の事である。また他に朱塗の円盤で同じく諺文の記されたものがある(挿絵II参照)。それを漢字に当てて見ると「丁未嘉礼時順和宮庫間已有中小一竹(32)」となり、丁未を一八四七年にあてるとそれは哲宗の後室慶嬪金氏の嘉礼が行われた年である。それでその時新調して使用したものと見え、嘉礼時と特に記した訳も判明する。順和宮はその宮号であった。庫間は倉庫、その次が備付であって、中小一竹は中形と小形と十個一組の意であろう。竹は十個の音をとったものである。

以上二点の実物により李朝の宮中で使用された膳の形はほぼ想像つくが、これで見ると概《おおむ》ね伝統を守り余り甚だしい変化はなかったように思える。殊に儀式用のものや宮中用のものはそうであったかも知れない。

また純祖時代のものと思われる『華営重記』(水原行宮《あんぐう》の備品台帳)を見て膳またはこれに類する器物を抜いて見ると、黒漆高足床壱坐、黒漆雲文足小平板五坐、紅漆祭床壱坐、黒漆祭床壱坐、黒漆中円盤四立、平盤壱立、高足床壱坐等でなお会席膳の如き盆には小隅板拾八坐、黒漆平板二拾三立、大隅板二坐等がある。これらの実物は知る由もないが名称によりほぼその形状は判断出来る。一般にかく多数を使用する処では概して足の低いものかまたは全く足のない現代の会席膳に類する盆の如きものが多く用いられたらしく即ち隅板、円盤等が多い。その形は現在のものと大差なかったらしい。

現在民家に使われている羅州盤、統営盤なども線や模様に幾分変遷があったにしても比較的古い伝統と思われる。

要するに器物の形はその時代の建築や、同時代に使用された他の器物に関聯《かんれん》していることはいうまでもないことであるが、高麗時代において上手《じょうて》の膳は、青磁器の姿や匙《さじ》の線から想像して見ると、線も相当複雑であり彫刻なども奢《おご》ったものであったらしく、また李朝の堅手《かたで》白《しろ》を専用した頃には狗足盤などの飾気《かざりけ》ない処が似合い、また呉州《ごす》(34)の染付物などには足に彫刻のある羅州盤や、欄干に透彫のある統営盤などが応《ふさ》わしく思われ、また盤面の塗り方と陶磁器の高台《こうだい》(35)とは更に直接の関係を有する訳で、ざらざらした砂高台の碗を載せる膳として雑木の生地塗は相当している。

次に膳の型における今後の傾向を推測するに、一般に形の円《まる》いものは角に、線の曲は直に進むようである。これは次第に大木がなくなり、大材を得る事ますます困難になるであろうから大形の膳は盤板を接合しない限り作れなくなる。従って幅の広くない板で比較的広い盤面を得んとせば勢い長方形にする外《ほか》仕方ない。一体木取りからいうと円や多角形は捨てる部分が多いから贅沢《ぜいたく》な形である。それからまた脚にしても狗足とか猫足とかいう細工は仕上げた木材の実積に比し何倍かの木材を使用しなければならない。何の飾りもないようの狗足盤の美しさは実にその脚の豊《ゆたか》な曲線にあるのであるが、それは木材が潤沢でないと出来ない芸当である。また盤の縁なども結局全部接ぎ合せにしなければならぬ時が来ると思う。上述の如く材料の制限を受けると共に、匠人の手間を省く事に一層意を用いるようになり行くことは明かである。従って膳の工作も手細工でなくなり次第に機械が応用されること他の工業と同様の関係にあると思う。今膳の工作を機械が占領したとしてその出来たものを想像するならば、予《あらかじ》め額縁のように削った長い縁木を任意に管切りて、平らな板の周囲に張り附け、脚は轆轤《ろくろ》で挽《ひ》いたぐり足を盤の裏に穿《うが》った丸錐の穴に挿し込み、適当の部分に桟を打ち附け、塗料は仮漆位で間に合わせるだろう。これは想像するだに堪えられない気がする。そこには面の味も線の強さもなく勿論使ってよくなる本質的の何物も授けられていないのみか、永年の使用に堪え抜く健康さえ失われて居るので器物としての生命は絶望という外あるまい。

しかし以上は想像であってまだその秋《とき》になっていない。現に京城の真中にさえ純粋に古いままの仕事をしている工場もないではない。けれどもそれらが多く老匠のみの手を煩わして居るを思うと前途に淋しさを感ぜざるを得ない。膳のみに限った訳でもないが、すべての工芸は良き老匠らの許《もと》に若き徒弟を送り後継者を立てる要がある。その外《ほか》材料の保続のために雑木林や漆田《うるしだ》を植えることも必要である。朝鮮の古い規則では山林のこと一切工典に属していたことも故あることと思う。この頃急に覚醒したかの如く産業を叫ぶ人が多い。しかしそれらの人の目標はいずれも目前の算盤珠《そろばんだま》で示し得る金儲けに過ぎない。真の産業の中には現在の経済組織では金に見積れなくてもしかも重要なものが少なくない。現に山奥へ行くと現在の金に見積って殆ど無価値に近い山林がある。価格に見積ると現在の資本家などからは顧られないほどのものであるが、その存在が多数の地元住民に職を与え生活を保証している価値は莫大なものである。現在の資本主義が長く続けばこの安全地帯も冒《おか》され工芸もその源を荒らされてしまうであろう。

また或人はいう「我が朝鮮の文化は遅れた。遅れたからこそ今頃首都鍾路(36)の真中に旧式の膳屋が店を張って居れるのだ」と、しかもそれらの人達は他国の物質文明を謳歌《おうか》し機械工業を礼讃して盛にその真似を企てている。その心持には大いに同情出来るが〔、〕しかしブレイクはいった「馬鹿者もその痴行を固持すれば賢者になれる」と。疲れた朝鮮よ、他人の真似をするより、持っている大事なものを失わなかったなら、やがて自信のつく日が来るであろう。このことはまた工芸の道ばかりではない。

（昭和三年三月三日　於清涼里）

挿絵解説

（表紙絵）[37]　咸鏡南道甲山地方産の狗足盤。径一尺二寸七分。高さ八寸九分。材は盤がおのおれかんば（檀木）、脚がしなのき、雲脚が白楊《はくよう》類らしい。全体荒削りのまま使い馴らされたものでちょうなの痕《あと》がはっきり残っている。宛然《えんぜん》北鮮[38]の農夫の姿にも似た頑丈さと美しさを有し、勿論実用からいうても申分のない作である。

　塗料は主に油だけらしいが随分よき艶《つや》になっている。盤面は十二角で浅く刻《ほ》り込まれてあり、その中央に大極〔太極〕模様が黒く描かれてある。

　往年この地方においてこの式は最も普通の型であったらしいが現在では完全に保存されたものが稀である。この型の廃《すた》れたのは主に材料の不足と工手間《クデマ》の多くかかる点にあるので、今後その復活の見込は当分ないと思う。惜しいことである。

I[39]　直径一尺九寸八分。高さ八寸二分の大円盤、礼式用の膳である。盤は多分一枚板で脚部は八枚の板を八角に接ぎ合せ、各面に彫刻が施してある。彫刻は一面隔に卍と眼象(外定《げじょう》)とが交互についている。材は現物が手許にないから判然しないが多分いちょうかしなのきと記憶している。産は全羅道方面かと思う。雅致に富みかつ確かな作である。

(京都柳宗悦《むねよし》氏家庭不断使)

II　朱塗の円盤。盤の直径一尺三寸三分。高さ七寸二分。これは礼式用の膳であって日本の三宝〔三方〕の如き用途を有《も》つ。盤の縁は低くしてはっきりしない程度に、なだらかに彫られてある。脚は五枚の板を桶《おけ》の如く円筒状に寄せ盤の裏に接合したもので、その三方に眼象様の窓を開け、全体を楮紙《こうぞがみ》で下張し、その上に朱漆を厚く施したものである。朱の色も鮮かで手触りの感じもよく何となくやさしいお膳である。

盤の裏に「丁未嘉礼時順和宮庫間已有中小一竹」の文字が諺文で刻まれてある。一八四七年慶嬪金氏の婚礼に使われ、あるいは色餅でも盛り上げられたことであろう。

（朝鮮民族美術館所蔵）(40)

Ⅲ　普通民間に使用される円盤であって、用途はⅡに等しい。しなのき―の大材を彫り抜いて造ったもので盤も脚も同材である。高さ三寸九分。径一尺四寸七分。脚部の切り込みは作った時に材の乾割《ひわ》れを防止するためにわざわざ施したものらしい。素地に油を引いて磨き上げたもので随分よく使い馴らされている。このまま茶盆に使ったらいいと思う。

（京城、浅川伯教《のりたか》氏自家用）

Ⅳ　かんじんよりを編み漆で固めた八隈〔八隅〕盤である。盤も脚も八角。高さ五寸三分。直径一尺一寸七分。脚の各面には卍と楕円《だえん》との窓が交互に排置されてある。模様の部分と盤面とは朱色で他は全部黒色に塗られ、盤の裏面に朱色の双喜が印されてある。この膳は多分民間の物でなかったと思われる。この種の膳はⅠ、Ⅲなどと同様礼式用であるが主として子供の初誕生の祝《いわい》に使用され、「トルサン」とも呼ばれる。これを祝う時はこの膳の上に食物の外に男の子ならば筆、墨、銭、糸、本などをも添えて子供の前に置き、無心の子供が真先きにそのいずれの品に手を触れるかを見て子供の将来を卜《ぼく》し祝福するのである。これを占う標準は筆は才能、銭は富貴、糸は長寿、本は学識を現わすものとしてある。なおもし女の子ならば筆墨に代えて針を置くようである。作るに随分手間がいる。この種の膳はこれからの世では当分生産されないと思う。堅実味を有《も》つ愛すべき作である。本文説明図第二参照。

（朝鮮民族美術館所蔵）

V　羅州盤に属する公故床である。材は銀杏《いちょう》。盤脚共に十二角。盤面直径一尺四寸二分。高さ九寸八分。縁は接合。生地塗。前後両面の瓦燈口には縁に草龍《そうりゅう》を配し、その上方左右に円の内に卍を残した透彫《すかしぼり》があり、更に左右両側には海鼠《なまこ》形の手掛穴が明いてその上下は蝙蝠《こうもり》に像《かたど》られ、なおそれらの間には草龍や蝙蝠の線彫を施して全体の調和を計っている。正面蝙蝠模様の上半が箸《はし》や匙《さじ》などを入るる抽出《ひきだし》になっている。

これは番床ともいい食物を並べて頭上に戴き主人の勤め先きへ運んだお膳である。今は殆《ほとん》ど使う人がない。

塗もよしすっきりした作で羅州盤としては上手《じょうて》のものに属する。

（朝鮮民族美術館所蔵）

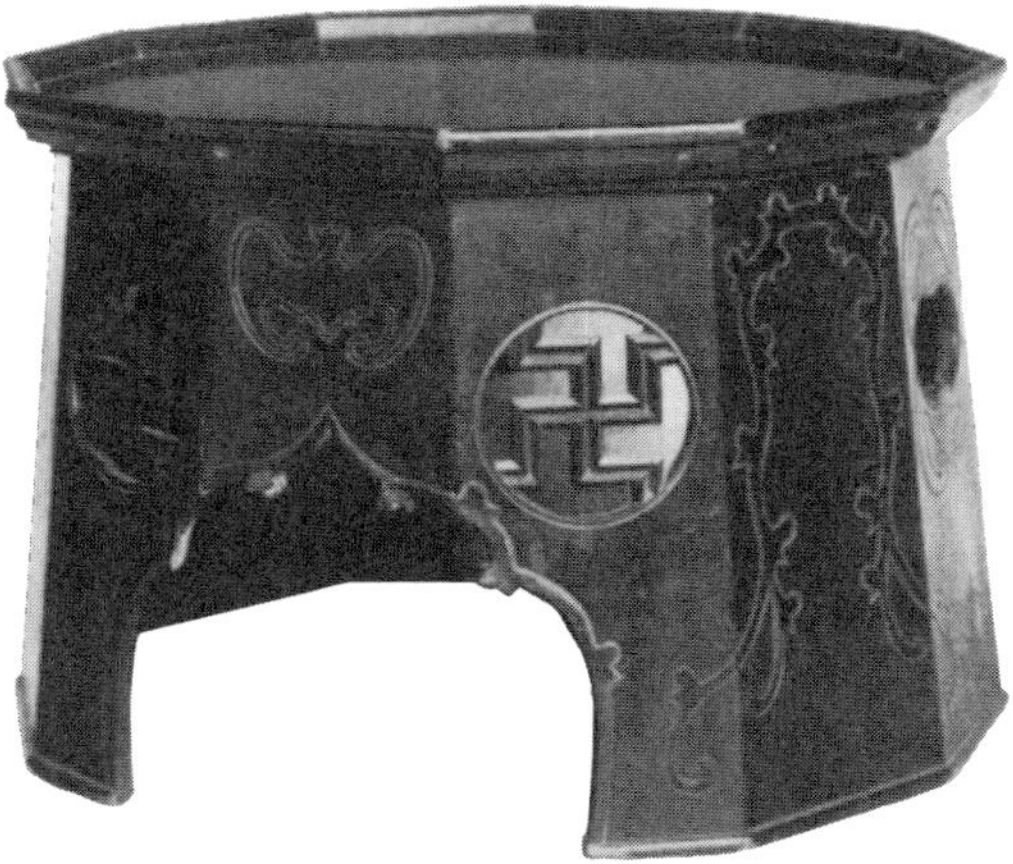

Ⅵ　公故床の最も普通の型。盤脚共に十二角。材は銀杏《いちょう》。生地塗。盤の直径一尺四寸。高さ九寸二分。大体においてⅤに似ているが模様が簡単な処にまた趣がある。脚部前後両面瓦燈の両肩に二箇ずつ亜字の透彫《すかしぼり》があり、左右両側には円《まる》い窓が開いている。

（朝鮮民族美術館所蔵）

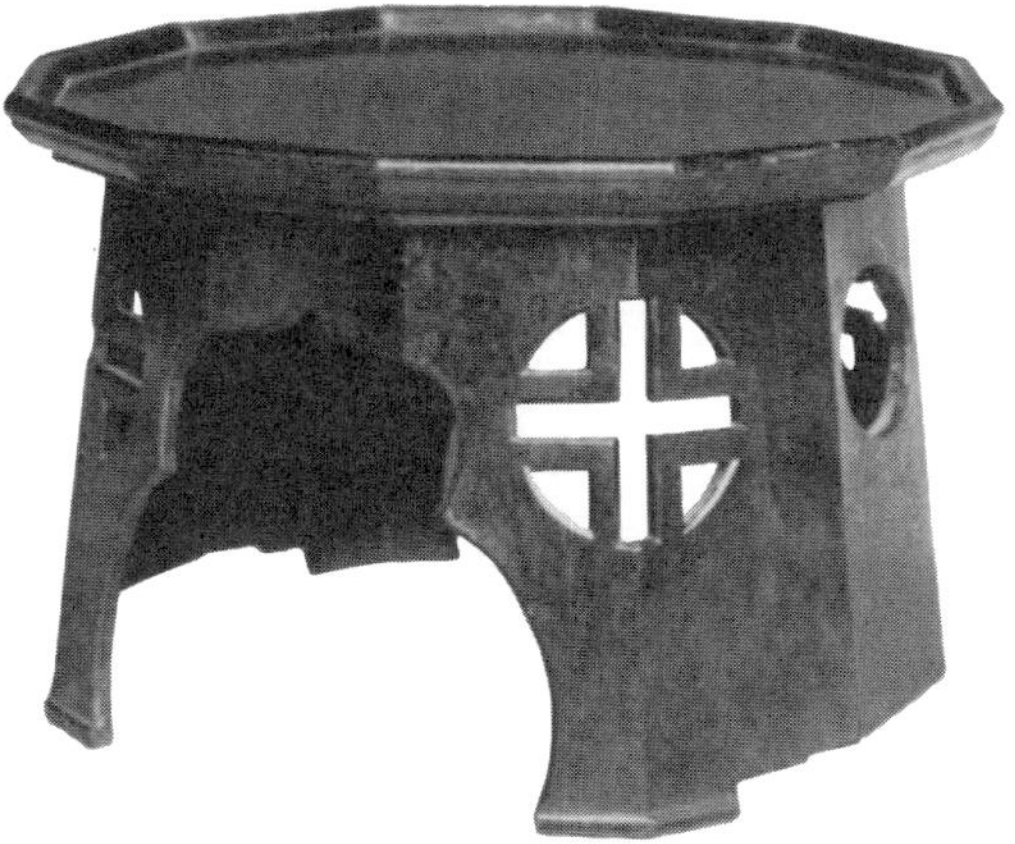

VII　様式は羅州盤であるが京城附近の産かと思われる。材はくるみらしくやや重い。盤は十二角。縁は接合で細い真鍮《しんちゆう》金具で隅が留めてある。脚は八角で各面に窓があり、窓の縁は草龍《そうりゆう》で飾られ、正面の窓だけが瓦燈状に開いている。まだ余り使用していないと見え木の味が出ていないが作が堅実であるから、使えばよくなる素質は充分に有《も》っている。盤の直径一尺三寸五分。高さ九寸二分。

（朝鮮民族美術館所蔵）

Ⅷ　公故床の中では最大形のものであろう。番床として使用されたことⅤ乃至Ⅶと同様である。産地は全羅道方面と思われる。材は銀杏《いちょう》。生地塗。盤面も脚も十二角。直径一尺七寸。高さ一尺一寸二分。脚の裾《すそ》に施されている瓦燈式の刳《く》りが四面にあることや、その中間ごとに角形に卍の透彫《すかしぼり》のある処普通のものと様式を異にしている。年代は余り古くないと思われるが、大官が使用して居たことはこの膳の伝わる家庭の某氏から筆者に寄与されたことによって明かである。

（朝鮮民族美術館所蔵）

Ⅸ　宮中で使用されたいわゆる大闕盤《たいけつ》で、盤面は円形。直径二尺一寸、縁は低く僅《わず》かに立っているだけである。高さは一尺五分。材は銀杏《いちよう》。全面朱漆でただ盤裏の内面だけが黒く塗られている。雲脚はいわゆる渦若葉の草龍《そうりゆう》から成り、脚にも同様草龍の彫刻あり、彎曲《わんきよく》してあたかも虎足の式をなしている。盤裏に「戊戌慈慶殿庫間已有一双」と諺文が刻まれてある。実に王者の威容を示すような姿の端正華麗な大作で、憲宗時代のものと推定される。

（朝鮮民族美術館所蔵）

X　盤の材はしおじ。十二角の共縁。直径一尺二寸四分、高さ九寸八分。脚の彫刻はやや複雑な方でこの式を虎足盤と呼ぶ。古い型である。宮中ものや祭礼用の膳に多くこの型が使用されている。塗は上等でないが彫は確かである。材の一部朽《く》ちて実用には堪えぬが相当年代を経たよき参考品である。

(朝鮮民族美術館所蔵)

XI　盤は十二の刻みを有《も》つ蓮葉形で、直径一尺三寸。脚は虎足の変形、高さ九寸二分。生地塗の面がよく使い馴らされて雑木《ぞうき》の味が充分に出ている。次に示すXIIに似ているが脚の着根《つけね》に相違がある。これは脚が雲脚を挟んで盤に接しているのに、彼れは脚が盤に直接して、その間を幕板が継《つ》いて〔で〕居る。即ちこれは羅州の式、彼れは統営の式である。

（朝鮮民族美術館所蔵）

Ⅻ　材は全部けやき。慶尚北道の産。生地塗。盤の直径一尺四寸四分。高さ九寸二分。時代は最近のもので塗もよくないが仕事が丁寧《ていねい》であり、材の質もいいので使い込めば充分よくなる素質は有《も》っている。盤は十二角形。彫り込みで縁には竹節状の彫刻が施してあり、脚にも同様竹節状の部分あり、概形は虎足の式になっている。この膳は大正十二年の副業共振会〔副業品共進会〕に出品されたものであるが古きよき型を模したものと思われる。一般の出来合《できあい》にはかかる品はないようである。

（朝鮮民族美術館所蔵）

XIII　狗足盤と称し簡素な式の古い型である。相当時代を経て居るが、造られた時は上手《じょうて》のものであったらしい。盤面に螺鈿《らでん》が鏤《ちりば》めてあり、縁は朱漆その他は黒漆で塗られてある。材はとねりこらしい。螺鈿の模様は中央寿字《じゅのじ》で周囲に柘榴《ざくろ》と鶴とがある。盤の径一尺二寸。十二角で高さ八寸二分。酒床として使われたものである。酒床は食盤と異なり、載せてある酒器を時々手にするため盤面の模様が露《あら》われるので模様を印したものがままある。酒床の模様には雲鶴《うんかく》〔、〕大極〔太極〕等が多い。

（朝鮮民族美術館所蔵）

75

XIV　朝鮮のお膳中での力作の一つと思う。式は極《ご》く古い。一時代前には各地方一般的に最《もっとも》普通な型であったらしい。今使用している処はよほど奥地へ行かないと見られない。廃《すた》れた型であるから、勿論作っている処もないようである。型が廃れたというばかりでなく、材料その他の関係で今後はなかなか作られないと思う。盤の材はけやきであるか脚は梨の如き木目の細い木らしい。盤面は八つの欠刻ある蓮葉形で直径一尺三寸五分。脚は健康な狗足で高さ九寸五分。永年の労役に堪え美しく輝いている。

（朝鮮民族美術館所蔵）

XV　統営盤の上手《じょうて》のもの、細工はなかなか念入りに出来ている。盤面は一尺五寸八分と一尺一寸六分の長方形隅入《すみいれ》。高さ九寸四分。幕板は蕨《わらび》手《で》唐草《からくさ》の透彫《すかしぼり》と化し、脚も椚(41)も竹節状に刻まれ各部分よく馴れ合っている。

（朝鮮民族美術館所蔵）

XVI　この膳は往年筆者が北鮮の山中に旅行したとき、馬方宿の主婦から譲り受けた狗足の冊床盤である。材はからまつらしい。盤面は一尺二寸五分と一尺五分の長方形で約一寸位の斜立した縁がついている。この縁のつき方は朝鮮で普通木板または隅板と呼ぶ盆様のものに似ている。よほど長い年月使い馴らされたものらしく、姿の素朴な上に色合いといい、面の艶《つや》といい、随分よくなっているが、塗料は漆でなく荏胡麻《えごま》か胡桃《くるみ》の油らしく思われる。高さ七寸五分。

（朝鮮民族美術館所蔵）

XVII　式は羅州盤であるが産は京城附近であろう。材はけやき。盤面は長方形の隅切《すみきり》。縁は接合。脚は虎足。高さ一尺二寸。盤の広さは二尺二寸と一尺五寸八分あり。大形の冊床盤である。会食用に供されたものである。一般に会食用の膳を交子牀と呼ぶものがあるが、真の交子牀はこれとは全然式を異にしている。

（朝鮮民族美術館所蔵）

XVIII　最も素朴で素人細工にも等しい簡単な海州盤である。概形机の如き姿であるからこの式を冊床盤とも呼ぶのである。かくの如きものは現在でも田舎の普通の家庭において多く使用されている。飾りはないが姿がよく頑丈なためによく使い込まれて居る。材は多分はんのきかなんかの雑木《ぞうき》らしい。盤は一尺一寸三分と九寸一分の長方形。高さ七寸五分。

（朝鮮民族美術館所蔵）

XIX　海州盤中優秀なものの一つである。飾りは沢山でないがよく姿に合っている。雲脚（幕板というてもいい）の草龍《そうりゅう》といい、両脚の牡丹透彫《ぼたんすかしぼり》といい品よく配置されている。脚の両端に縁木を添えたことは姿の上にも確かさの上にもよき結果を齎《もた》らしている。盤は一尺四寸八分と一尺一寸三分の長方形。高さ九寸九分の大作。塗は生地塗でよく馴らされている。

（朝鮮民族美術館所蔵）

XX　同じ海州盤のうちでもその様式において変化の多いのに感心する。しかもその変化が出鱈目《でたらめ》でなく、盤面の恰好《かっこう》、幕板の刳《く》り、脚の透彫《すかしぼり》等の各部分に調和があり、その全体の線の上に統一のあることは驚くばかりである。従って同じ式でありながら、個々の姿は全く別の味を出している。そのつもりで各図を見比べて行くと興味があると思う。この膳は大部分直線から成り透彫も直線で整然としている。何となく膝を崩して食事をすることをも憚《はばか》らなくてはならぬようの感じを受ける。盤は一尺四寸五分と一尺三分の長方形隅切《すみきり》。高さ八寸九分。材はしおじで生地塗の漆はよき艶《つや》を出している。

（朝鮮民族美術館所蔵）

XXI　海州盤の最も普通な型である。材はしおじの類らしくやや重い。盤は一尺八分と一尺三寸六分の長方形。隅入《すみいれ》。共縁である。両脚には輪違いを崩したような模様が透彫《すかしぼり》してあり、各部分の釣合もよく、作も叮《てい》寧《ねい》で確かな出来である。高さ九寸三分。

（朝鮮民族美術館所蔵）

XXII　式は海州盤であるがやや変った感じのものである。足本が透いているために一見四本の脚のようにも見える。盤面は長方形。隅入《すみいれ》。共縁。雲脚は普通のものと式を異にし、やや幅広き板の中央に透彫《すかしぼり》を施したものになっている。透彫は胡瓜《きゅうり》形に草龍《そうりゅう》様のものが残されてある。両脚の上半に当る部分に唐寿福の透彫が円形に嵌《は》められて、下部の過半は広く繰〔刳《く》〕り抜〔貫《ぬ》〕かれて、いかにも風通しよさそうに出来ている。この脚のためにすっきりした感じを受ける。夏向きの部屋などに相応《ふさ》わしいと思う。海州盤としての優れた作である。なお盤面中央に蓮葉と魚の模様が浅く彫りつけられてある。

（朝鮮民族美術館所蔵）

XXIII　海州盤中複雑な作の一例である。材は銀杏《いちょう》らしい。盤は一尺三寸八分と一尺一寸一分の長方形。隅入《すみいれ》。共縁。高さ一尺一分。生地塗。両脚は卍継ぎと蝙蝠《こうもり》とで全面透彫《すかしぼり》が施され、雲脚は草の葉に化している。この式の作は開城、海州、平壌方面において今でもよく見受ける。しかし普通の家庭にありふれたものではなく、上等の部類に属する。

（朝鮮民族美術館所蔵）

XXIV　XXIIIとほぼ同じ構図である。雲脚が草龍《そうりゅう》になって居るのと全体が少し大形になっている位が異《こと》なる。盤面は一尺五寸九分と一尺一寸九分の長方形、隅入《すみいれ》。高さ一尺三分。XXIIIよりは年代もやや古く作り方も優れて居る。

（朝鮮民族美術館所蔵）

XXV　海州盤の変形である。材は銀杏《いちょう》。盤面一尺五分と一尺二寸四分の長方形。隅切《すみきり》。共縁。雲脚の下方に更に桟《さん》を当てて足を締めている点は異式である。両脚になっている板には繰〔刳《く》〕り抜〔貫《ぬ》〕きの窓が二つずつあって、全体から見ると宛然《えんぜん》三対の脚があるやにも見ゆる。高さ八寸。

(朝鮮民族美術館所蔵)

XXVI　統営盤の古き佳作である。材は梨の木らしい。盤面は〔正〕方形の隅切《すみきり》。幅一尺。隅の切り方は円味《まるみ》を帯びている。高さ七寸六分。小形であるから酒床に属する。脚は竹に似せて作られ、上半部に亜の字のように折れ曲った桟《さん》が附けられて居るので、俗に亜字床とも呼ぶ。塗はよくないが長く愛用されたものと見え、面が充分馴らされて木の味が遺憾《いかん》なく発揮されている。各部分の均衡もよし雅味とその健全さとにおいてけだし優秀なものに属する。

（朝鮮民族美術館所蔵）

XXVII　冊床盤の一種であるがその式は稀《まれ》の作である。上図は正面（下図は斜《ななめ》から写したものである。朝鮮の建築に見るような大いさと力をどこかに持っている。材は銀杏《いちょう》。盤面は一尺三寸二分と一尺七寸の長方形。高さ一尺二分、接ぎ合せの縁には真鍮《しんちゅう》の鋲《びょう》が打ってあり、厳《いか》めしい感じを添えている。脚はやや分厚の板から成り、四面から箱状に当てられ、四隅が狗足状に刻まれ前後両面は広く刳《く》られている。刳りの形は大体瓦燈状になって、上方の両隅から蝙蝠《こうもり》が向い合った形に彫刻され、その翼の一方が正面の中央で交《まじわ》り他の一方が脚の下端を成している。側面は中央上部に円《まる》き唐寿があり、その直下に蝙蝠が上向きに彫りつけられて蝙蝠の翼の後縁が刳りの縁となり、両翼の末端が脚に化していること正面同様である。脚の四隅は真鍮の金具でとめられ、全体生地塗でよき仕上である。普通食事に使用されたものでないかも知れない。何となくおちつきがあって机などに使用しても気持がよかろうと思う。

（山口、鈴木孫彦氏所蔵）

XXVIII　四方盤といわれる形であって、一般の民間に用いられたものではない。盤面一尺六寸の正方形。隅切《すみきり》。高さ九寸四分。全面に黒漆が厚く叮寧《ていねい》に塗られている。脚の間は四面裾《すそ》に達する幕板が当てられ、その中央は瓦燈形に刳《く》られ、その縁は草龍《そうりゆう》の透彫《すかしぼり》で飾られている。往時宮中または府中に備えつけられたいわゆる黒漆俎の類である。

（京城、天池茂太郎氏所蔵）

XXIX　酒床専用の単脚盤である。盤面の材は桐《きり》。直径一尺一寸五分で十二角。縁は接合。全体生地塗。高さ九寸。盤を桐材にしたのは上部を軽くするためでその他は銀杏《いちょう》らしい。脚の台は十字に組んだ雲形の彫刻から成り、この台と同形のものが盤の裏にもあって雲脚に接合され、脚は一本の木であるが四条の縄を撚《よ》り合せた態に彫刻されてある。この式は単脚盤に最も普通の型であって、四条から成っているのは四本の脚を意味するものらしい。一本足の膳はその姿、宛然《えんぜん》水上に翳《かざ》された蓮葉に似て居るので蓮葉盤とも呼ばれるが、正しき蓮葉盤は盤が蓮葉形に刻まれ、更に葉の根元から蓮華の蕾《つぼみ》を二、三本生やしたりしている。

（朝鮮民族美術館所蔵）

XXX　大形の単脚盤。盤面十二角。直径二尺二寸。高さ一尺三分。姿はほぼXXIXに似て居るが、脚の中央球形をなす部分より上が回旋するように出来ている。据《すわ》りもよし、作りが頑丈で塗りも生地塗としては厚い。実用に叶う素質を充分に有《も》っている。

（京都、柳宗悦《むねよし》氏家庭常用）

XXXI　木の味から考えると随分古いものである。産地は全羅道方面と思わる。稀《まれ》に見る形式である。盤面は半円で、曲げ木の縁が繞《めぐ》らされ、脚は三本の平らな板から成り、脚の附け根には草葉の彫刻ある幕板が附いていて装飾と脚の固定を援《たす》けている。全体生地塗で脚の外側には刀痕鮮かにこまゆりが刻まれてある。姿といい模様といい簡素にして雅致に富み、夏向きの酒床などには好適する。その場合直線の一辺を食盤の横に当てれば使用上から考えても便利である。また壁に直線の一方を当てて置き焼物などの台として使ってもこの姿は生きると思う。

（朝鮮民族美術館所蔵）

XXXII （市場） 慶尚南道河東邑の市場に智異山(42)の奥から出て来たお膳とこれを売る人達である。腰を卸《おろ》しているちげ（支架）はそれらを背負うための道具である。

朝鮮の市場は各都邑《とゆう》において一定の日、普通毎月六回開催される。その日は近郷数里の部落から老若男女が思い思いの産物を持ち寄って、そこで殆《ほとん》ど物々交換にも近い原始的の商取引が行われる。吾々は地方を旅行してこの市場を視《み》ることに尠《すくな》からぬ興味を有《も》っている。

お膳の産地智異山一帯は樹木の種類に富み良材も多いので古くから有名な木工が興《おこ》っている。即ち西の雲峰、東の咸陽などはその主なものである。

この地は全羅、慶尚両地方の堺《さかい》に当るのでお膳の形式も自《おのず》から羅州、統営の両種を普通に見る。図中右に並ぶは統営盤、左にあるは羅州式の白盤である。

跋

柳　宗悦

巧兄

是非この叢書《そうしょ》の一冊にと思って、いつか君にお希《ねが》いした『朝鮮の膳』が、早くも出来上って、上梓《じょうし》の運びになった事を、いたく嬉しく思う。忙しい間に忘れずに筆を執ってくれた事を心より感謝する。

この事を特に君に頼んだ時、僕には明かな二つの理由があった。一つは朝鮮の膳の美しさが長く僕の心を引いていたからだ。そのまま紹介せずに放置するにしては余りに美しいからだ。だが誰がその任に当ってくれるか。今君をおいて誰もないのを僕は熟知している。これが第二の理由なのだ。君が二十年近くも朝鮮にいる事、それも他の人と違って朝鮮人と日々交《まじわ》りがある事、特に君が鮮語(43)に巧みである事、そうして君が朝鮮の工芸を熱愛している事、それも日々用いている事、これらの条件を悉く《ことごと》具備している人を僕は他に知らない。君が書かずば誰がそれを為《な》すだろう。他にも学者はあるかも知れない。しかし工芸については知っている人は無いのだ。ましてそれらのものを正しい意味で愛している人はないのだ。朝鮮人の中に誰か書く人がいるだろうと思われるかもしれない。しかし悲しい哉《かな》その望みは当分ない。今その民族にそういう気持ちの余裕が無いのと、下賤なものとして、器物を学的には尊ばない傾向があるからだ。君でなくして誰が朝鮮の人々に代って、それらのものを正しく伝え得る者があろう。

長い間の君との交友によって、僕は如何に君が朝鮮の真の友であるかを熟知しているのだ。君が今まで私に公に朝鮮のために尽した事は甚だ多い。この本は君が有《も》っている智識や理解や情愛や観察の、よき紀念《きねん》になるだろう。文筆の道は、朝鮮における君をもっと早く現していいはずだった。今後も僕は君に色々の事を書き残しておいてもらいたいと思っている。特に誰も当分携わりそうもない朝鮮の工芸について語ってほしく思っている。知と愛とを兼ね備えている人は地上に少ない。

本文を読み挿絵を見るにつけても、特にこの五、六年間の事が思い出される。挿絵に入れた膳の大部分は実に君と僕とが「朝鮮民族美術館」のために集めたものだった。なけなしの金でお互《たがい》にこまりながらも、これらのものを保存したいばかりに力を協《あわ》せてきたのだ。否《いな》、君の理解と情愛と努力とが無かったら、何も成就しはしなかったのだ。僕は内地にいる事とて、凡《すべ》ての厄介な事を君に負うてもらったのだ。将来蒐集《しゅうしゅう》されたそれらの工芸品を見て悦《よろこ》んでくれる人が出るなら、何事よりも君の努力に感謝していいのだ。或《ある》ものは古道具屋の、暗い片隅から君の眼によって引きぬかれてきたのだ。或ものは山奥の民家から、君の背に負われてはるばる運ばれてきたのだ。或ものは生活に要《い》る金を忘れてまで、支払われた品なのだ。いわば君が生みの母だ。こうやって一冊の本に納められるのを見る時、真に君自身に逢っている想いがする。

朝鮮人はその長い歴史の間において、幾多の忘れられない仕事を残した。しかしなかんずく永遠なものはその芸術だ。だがその中でも種において質において豊富なのはその工芸だ。中で焼物は早くも支那に日本にその名を知られ、今日では世界の耳目《じもく》を集めている。だがそれらにも増して美しいのは木工品だ。味《あじわ》いの点からいって東洋の家具類の中では異数のものだ。それは特に吾々日本人の眼には美しい。なぜなら作品に静けさがあるからだ。生活を温め、心ゆくばかり親しんでくれるからだ。日々の生活をかくまでに潤《うるお》わせてくれる作品は世にそう多くはない。しかも種類において変化において如何に豊富な性質を現しているだろう。簞笥《たんす》から机や箱や棚やまた小道具に至るまで、形の様式が実に多い。どんな想像の翼をかって、かかる変化を汲みとってきたのか。その国民が有っている手工芸への驚くべき本能を語っているのだ。この本に書かれた膳は、その一部門に過ぎなくはあるが、朝鮮の工芸がどんな美しさをどんな風に示しているかを如実に語ってくれる。恐らくこの本は器物を愛する人々に、また美を観得《みう》る人々に、異常な驚きと、朝鮮への憧がれとを今更に呼び覚ますだろう。

君からの便りに、何かこの本に序でも附けてくれるようにと書いてあった。しかしこの本はこの本が有つ本文と挿絵とで充分なのだ。ただ君の求めを無下《むげ》にこばむのもと思って、返事代りにこれらの短い言葉を書いて、跋《ばつ》の位置に入れさせてもらった。

今外にはこまかい雪がしきりなく戸を打っている。いつにも増して寒い京の夕べだ。君のいる京城の郊外は零度以下どれほど下っている事か。だが今頃はあの温突《オンドル》の室で朝鮮の膳を囲みながら、朝鮮の食器で一家団欒《だんらん》の食事をとっておられる頃かと思う。かくいう僕の一家も三度三度朝鮮の膳を離した事がない。どういう廻《めぐ》り合せか、君も僕も一生朝鮮とは離れられない結縁があるようだ。出来るだけお互に朝鮮への仕事をしよう。君の『朝鮮陶器名彙《めいい》』(44)はほどなく完結する事と思う。僕はその素晴らしい仕事がこの本のように一日も早く上梓される事を望んでいる。

昭和四年二月十二日　京都にて

朝鮮の棚と箪笥類について

朝鮮の棚及箪笥《たんす》類には随分優れたものがある。その材料や手法から形態、用途においても日本人の生活には親《したし》まるべきものが特に多い。然《しか》るに未だ陶磁器などの如く汎く認められないのは比較的大形であるために、運搬その他の関係もあって手を染める人が少なかったためかと思う。

朝鮮箪笥の二、三種類は相当早くから西洋人の間に認められていた。その結果は西洋人向きの新らしき型を生んで現にその新型を販売する舗《みせ》が二、三に止《とど》まらないほどである。いわゆる西洋人向きの箪笥とは磨き上げられた厳《いか》めしい真鍮《しんちゅう》金具と木理《もくめ》の鮮かな欅《けやき》の鏡板を有する感じの強いものであって、東洋人の好みとはかなりに径庭《けいてい》があるもののように思う。それらは朝鮮の材料を以て朝鮮の地に生れたものであるから、朝鮮の臭《にお》いはあるが朝鮮人本来の趣味とも一致しているものとは思われない。また最近は朝鮮人向きに作られるものも急変して旧日の俤《おもかげ》を絶たんとする有様である。他の工芸における運命と同様箪笥類の流行も一変して古き型は殆《ほとん》ど作られなくなった。朝鮮の人達が古雅、堅牢、至便なそれらの型を捨てたことは非常な損失と考えられ心から惜しく思う。在来の古い型には寸法、体裁、実用等いずれの点から考えてもそのままの姿で直ちに役立ちかつ美しさに感心させられるものが少なくない。良き物の生れない世は沙漠《さばく》の如く淋しい。

　現在の状態をこのままに経過するならば材料の欠乏や手法の断絶等によってこれらの優れて良き物どもは、も早《は》や生れなくなるかも知れない。しかもそのことは月日がたてばたつほどとり返しがつかなくなると思う。

　以下記述する処は朝鮮の家庭に現在伝わり使用されつつある古き型の棚及箪笥類の一般であって、この紹介が一人でも多く理解ある友と語ることとなりまた幾分でも他日の参考となることを希《ねが》っている。

　棚及箪笥類の朝鮮名は卓子及《および》欌の字でほぼ尽きている。その他〔、〕架、椸、庋、匣等の字が用いられるものもあるが大体卓子と欌に属しているように思う。即ち卓子は戸または壁板のない棚で、欌は戸棚や引出しから成っている。大別するとこの二種であるが、両方を兼ねたものもあり、部分的に変化が多いので随分多くの種類に分れる。左にその主なるものの構造及用途を説明する。

底欌〔衣欌〕、最《もっとも》普通なる衣服箪笥である。三方板で囲まれ前方に扉があって開閉出来る。三層のものあり二層のものもある。その層数に従って三層欌、二層欌と呼ぶ。各層上部に横に並ぶ四個一列の引出《ひきだし》がある。また各層を別箇に作りそれを重ねて置くものがある。これを籠欌というている。またはじめから一層だけに作ったものを頭欌といいその上に布団などを積み重ねる風がある。頭欌の低く更に簡単なものを席床といい、中に足袋《たび》などを納め上に布団を置く。また紙張のものに紙欌と呼ぶものがあり、衣欌としては最粗末なものである。なおまた用途は異《ちが》うが、一種の紙欌で植木鉢を入れ寒中梅花などを咲かせるために使用するものもある。

饌欌、衣欌に似ているが引出しが少なく普通は上段の両隅に各一個ある位に止《とど》まる。概《おおむ》ね三層であって戸は引戸または扉になっている。また三層のうち上下二層が戸または壁までも欠いている場合もある。これらを卓子欌と呼びいずれも食物を入れる戸棚である。

半多只、大櫃《おおびつ》の一種で主に衣服用である。前面の上半が蝶番《ちょうつがい》で開閉し得るようになっていて、金具の美しいのが殆ど全面に施されている。古いものには随分感心すべき金具を見る。この種のもので鉄金具の優秀なものは西鮮地方に多い。また西洋人向きの真鍮金具のものもこの型に多い。前方に開いた蓋《ふた》を水平に固定して机に代用する半多只が西洋人向きに考案され、現在相当に需要が多いようである。

衣架、これはこの頃作られる洋服箪笥によく似た構造で普通上下二段から成り、上段は全体のほぼ三分の二を占めている。上段の扉を開くと塒木《しぼく》(1)のようなものが横に取付けられていてこれに周衣(2)、裳(3)などを掛けることが出来る。下段は欌と同様であるから畳んだ衣服を仕舞い得る構造である。これは現在の寸法そのままで洋服にも使用して極めて便利であると思う。

冊卓子、書棚に相当するもので、材料及構造において変化が最《もっとも》多く、引出しと棚と戸棚とが面白く配置されているので茶箪笥などに使用して妙であろう。一般に衣服類の欌は左右相種〔相称〕に出来ているが、この種の棚はむしろ左右相称でないのが原則で、区《く》劃《かく》の上に種々な変化が見られる。

卓子、壁も扉もない棚で三段を普通とするが時に四、五段のものもある。一般に厨房《ちゅうぼう》用に多くまた商店などで品物を陳列するに適する。

四方卓子、四角形の丈《たけ》高き三乃至《ないし》四層の棚で部屋の隅などに置くに適し書籍、軸物、文具などを載せ置くに便利である。下部の一段が小形の欌または半多只と化したものがあり、書斎用として重宝である。

文匣　一対《つい》一組の横に細長い書類簞笥で二個を重ねて置いてもまた一個ずつ壁際に横に置いても宛然《えんぜん》置床の如く使えて便利である。戸の開閉が複雑に出来たものもあって重要書類など蔵置するにも適する。

カッケスリ　これは帳簞笥ともいうべきものであるが原《もと》より適当な漢字を有《も》たない。日本の船簞笥にも似て金庫の代用ともなる。金具を以て飾られた二枚の扉を開けると内は多数の引出になっている。半多只同様西洋人に喜ばれる。

以上述べた各種類を更に綜合して材料手法等に関し特色を挙げて見ると、先《ま》ず第一に使用されてある材料が部分に従って異っていることに気がつく。いわゆる適材が適所に活用されていることである。例えば、組となる部分の構造は梨、楢《なら》、櫧《かし》、山杏《やまあんず》、檀木《まゆみのき》、山柚子木《やまゆずのき》、欅等堅くして狂いの少ない材が選ばれ、戸及引出しの鏡板には梣瘿《しんえい》(4)、龍木、黄蘗《おうばく》、紫檀《したん》、桐根、黒柿及《および》欅の玉目等木理《もくめ》の美しいものが使用され、棚板は主に桐か欅で、壁板や内部の仕切から引出の函《はこ》部になると桐が最多く、赤松、五葉松等もまたよく使われている。

次に充分燥《かわ》いた材が使われていることとその組立が堅牢であるために甚しく乾燥する

温突《オンドル》内に置いても滅多に狂いを生じない点にも特色を認め得ると思う。殆ど一の例外もなく骨組の直角に交《まじわ》る部分が必ず留形に切り込んである。また柱及《および》桟とも各《おのおの》その面が単なる平面でなくいわゆる撫角《なでかく》かあるいは全面に丸味を帯んでいるのが普通である。なおまた角の如きすべて面取り(5)になっているので、見る目には柔い感じを与えながら、何となく確かな気がする。日本の箪笥や戸棚に見る直線の正確さでなく馴れ合った強さである。引出しには日本の桐の箪笥などに見られるような厘毛《りんもう》余裕のない手際の誇りはない。ゆるゆるがたがたで隣りの函と取り替えても自由に納まる融通性がある。この点は日本人の職人などが評して拙なりと評する処であるが、そんなことは当初から問題として居ないらしい。尤《もっと》も好《す》いて見るとその屈託のない呑気な仕事に親しみを感ずることにもなる。

内房に置き婦人の使用する箪笥には華角《かかく》(6)、螺鈿《らでん》、朱漆、抹漆、硝子《ガラス》画等婦人に応《ふさわ》しい手法が応用されて随分綺麗《きれい》なものがある。またその模様には十長生(日、山、水、石、雲、松、不老草、亀、鶴、鹿)〔、〕花鳥、草花、山水、水魚等が選ばれ、舎楼房〔舎廊房〕(7)、書斎等に置かれる男子用のものになると、主として木理の味の出たもの即ち烙《や》き桐、もく板、黒柿等か竹張(黒竹、紋竹、矢竹、煤竹《すすたけ》等)または網代張《あじろばり》、透彫《すかしぼり》、組格子などの渋い味のものが普通である。そして模様のあるものは比較的少なく、竹張において双喜、雷紋《らいもん》、卍《まんじ》等があり、烙き桐に四君子(8)とか詩の文句を刻《ほ》ったものがある位である。

また木理のあるものを鏡板として使用した場合、その使い方は必ず左右相称になるように工夫されてある。

金具は真鍮及《および》鉄のものが普通で銀や白銅のものもある。白銅は近代にわかに多く使われるようになった。一般に狭くして分厚なのは地金を打ち叩いて作ったもので堅実な感じがある。これらは時代の古いものに多く見るもので細く線状になっているものは俗に高麗《こうらい》金具と呼ばれる。近代のものはいずれも板金を切って作ったもので、模様を線彫したものがあってもその線が浅くて弱々しい。金具に応用されている模様には卍、双喜、蝙蝠《こうもり》、仙桃、魚、亀、蝶《ちょう》などがあり、その形が引手、錠前、蝶番等にまで応用されているものもある。

以上はざっと気のついた点を概略して挙げたに過ぎないが、もしそれらの一つは〔を〕座右に置いて眺め入るならば、実に感心する事項のみ多い。左に三枚の写真について解説を附する。

（一）冊卓子即ち書棚である。幅二尺一寸八分、奥行九寸、高四尺五寸六分、骨組は雑木で鏡板は紫檀、その他は桐、上段には戸がなくて左右の壁には透彫の明り取りがあり文具や置物を飾るに適し中の二段には書籍を積むことが出来る。その下に二個の引出しがあり下段の扉は蝶番で二枚ずつ連続していて必要に応じ全部を開放することが出来る〔第一図〕。

（二）幅二尺七分、奥行一尺一寸三分、高四尺一寸六分の冊卓子である。材料はほぼ（一）に等しいが、ただ下段に並ぶ四枚の扉が黒柿になっている。戸の無い棚の部分には筆筒、水滴、巻紙、封筒などをも置くようになっている。一般に脚の高いのは温突に置かれる関係からである〔第二図〕(9)。

（三）カッケスリ、幅一尺八寸、奥行一尺三寸、高一尺六寸、材は外廓《がいかく》全部欅、内部桐、鉄金具、往時の金庫とも見るべきもので、内に設けられた大小六個の引出しは重要書類や貴重品を蔵されたものと思う。扉に現れている欅の木理は金具の透彫に調和していて特に堅固に見える〔第三図〕(10)。

第二図　冊卓子

第一図　冊〔卓〕子
朝鮮民族美術館所蔵

第三図　カッケスリ

窯跡めぐりの一日

一月五日(1)、東京から来て居た二人の友と窯跡《かまあと》めぐりをするために、冠岳山(2)に向った。友の一人は民族美術館の仕事を進めるために来て居たYさん(3)で、一人は学校の休暇を利用して朝鮮の美術を見に来て居たM君である。

汽車が安養駅に着いたのは、朝の八時頃だった。自分達三人はそこで下車して、線路に添うた街道を北に歩いた。冬の日の八時は、京城では、太陽が漸《ようや》く山の端を離れる頃だが、安養駅からは、冠岳山が東に立ち塞《ふさが》って居るから、日の頃も分らなかった。戸を開けた家も少ないためか、小さい駅場の淋しさを一層感じた。二、三軒ある亜鉛葺《あえんぶき》の日本家は、朝鮮の冬には応《ふさわ》しくない。自然に調和しないのみか、実用から見ても非衛生的だ。貧相で、寒そうで、みじめに見える。おちつきがなくて、住んで居る主人は金が溜ったら日本に引き上げるのだ、というような感じがする。

下車する時、Yさんの毛皮の襟当《えりあて》の紐《ひも》が離れたので、それを繕《つくろ》うために、日本人の駄菓子屋に入って、キャラメルを買って針を借りる交渉をした。起きたばかりで、夫婦喧嘩でもして居たらしい挙動の妻君は、面倒臭いのか、針一本持たないのか、不愛想にして貸してくれなかった。そこから一町(4)ばかり先きに日の丸の旗を掲げた、また亜鉛葺があった。行って見たら朝鮮人の巡査が一人、外套を着たまま、寒そうな顔をして、僅《わず》かの枯松葉を用いて、ストーヴを焚きつけて居た。煙ってなかなか火にならなかった。針を借りたいと頼み込んだら、巡査は快諾して裏の方へ行った。奥が住宅になって居て、日本人の巡査が住んで居るらしい。障子の開いた処から日本人の女が見えて、巡査に針を渡した、巡査はその女に対して妙に慇懃《いんぎん》な態度を示して居た。

この地では巡査の妻君もいやに幅がきく。襟当は直《す》ぐ仕上って、巡査に礼を述べてYさんは襟当の紐をしっかり結んだ。自分達はまた前の街道を北に進んで、安養橋を渡った。安養橋は安養川に掛けられた石橋だが、今は川の瀬が変って、橋の下を流れて居ない。側に亀形の台石がついて、橋の名を記した石碑がある。橋は見事に出来て居て、そこにも昔の人の忠実な仕事の跡が、そのままに残って居る。同行のM君は一足遅れて、写真を撮ったりした。

石碑の側から右に折れて小道に入って、栗林のある小村を過ぎると、畑中に石塔や石柱が、荒れはてた態で残っている処がある。安養寺跡だろうと思う。この附近には礎石や、石垣の跡が広く散在しているので区域はほぼ想像出来る。一帯は今、栗林と畑とになって居る。

石塚を漁《あさ》って見たが、拾うような何物も見つからなかった。

栗林を抜けた処に、うず高く盛られた、焼物の破片をYさんが見つけた。それは自分達の今まで知らなかった窯跡であった。白磁の大小茶椀〔茶碗〕、鉢、皿などの破片が多く、やや厚手で高台《こうだい》には石英《せきえい》の疎砂が附いている。比較的近代のものらしい。この手のものはこの頃でも朝鮮人の家庭に、用いられているものを時々見るが、京城あたりの陶器商には影を絶っている。今に一時代前のものに算《かぞ》えられる。破片のうちには青味の強い白磁や、高台の美しいのもあった。

谷間に段々に開かれてある、小さい田の畦道《あぜみち》を伝って上って行って、山の懐に、古墳の跡らしい、石碑の亀石や、屋根石や、塔の部分らしいものや、瓦の破片の苔《こけ》にまみれて、ちらばって居る処に出た。

そこから南方に四、五町、山麓を廻った処に白磁の大きい窯跡がある。この辺は以前にも二度ほど来たことがあるので、大体の案内は知って居た。窯場の区域はかなりに広くて、今はそれが槲《かしわ》や楢《なら》類の林と、草原とになって居る。十間《けん》ばかりの長さに堤状にうず高いのが昔の窯らしい。今ある朝鮮式の鉄砲窯を自然の地形を利用して築いたものらしい。

破片は随分沢山あった。色は純白のもの、青味や緑色を帯んだいわゆる青白や、灰色がかったものもあった。皿や鉢には完全なものの、優秀さを思わせる、線の部分もあった。概して轆轤《ろくろ》の跡がはっきり出て、やや薄手で、堅手のものが多く、鋭くて少し冷たい感じのするものもあった。高台には四、五個の五徳《ごとく》跡がある。高台に支座がくっついたままになっているものも多く、支座は陶製で、大小あるが銀杏《ぎんなん》実大のものが多い。五徳跡は内側の底にもあるから、思うに、幾枚かを重ね焼きにしたものらしい。

この手の焼物はかつてしばしば見たことがある。数年前阿峴の山の麓《ふもと》を開墾した時、青磁や三島《みしま》手の焼物や、銅器の匙《さじ》などと一緒に、発掘されたことがある。また市の道具屋にも時々現われることがある。またこの手の破片を、京城の旧慶熙宮内の地均《じならし》の時、岡の断面から多数発見した。慶熙宮内の破片のことは李朝《りちょう》焼物の時代考証上参考にもなると思うから思いついたことを記して置く。

古来朝鮮には宮殿や陵墓《りょうぼ》を造営する時、地相を整えるために、山脈を続けたり、小山を築いたりしたためしは稀《まれ》でない。前記焼物の破片の出たという、慶熙宮境内の岡は、宮殿の東便を守る青龍《せいりょう》に当るから、造営当時盛り土して、地相を拵《こしら》えたものらしい。その切り崩した面の地質を見ると、両端が花崗岩《かこうがん》を基岩に持った自然の地盤から成った岡で、その中間を人工で接続したものであることは、中間十数間の部分に瓦や焼物の破片が多く埋れて居るので推定される。外見は一帯に松林の岡になって居るから分らなかったが、去年の秋、総督府が官舎の建築工事をするため、この岡を切り崩して、深さ二丈(5)余の断面を見せたから、気がついたのである。

慶熙宮は最初慶徳宮と称し、光海君八年創建と伝えられている。光海君八年は西紀一六一六年に当るから、(6)今から約三百年前の出来事になる。そこで、発掘された破片は盛り立て工事の当代または、それ以前の焼物であることは疑いないが、ただその盛り立て工事が創建の際のものであるとはいい切れない。

この間《あいだ》江華島に居る友達から偶然にもこの手の茶椀〔茶碗〕を貰った。その時の話に島では三島手などと一緒に、墓から掘り出されるものだとのことであった。

以上の事実から推定して、この手の焼物は李朝中期以前に多くあったものらしい。

自分達には多くの良き材料と、機会とが乏しいから、この問題を歴史的にこれ以上、今、明かにすることは困難であるが、この種の焼物が、高麗《こうらい》焼と、李朝の染付や後期の白磁との中頃に、多く造られたものであること位までは、断言してよいと思う。

自分達三人が選び出した破片で、背負っていた雑嚢《ざつのう》は満たされた。

花崗岩のざらざら崩れる山道を上って、正午に近い頃念仏庵に着いた。念仏庵は山腹の奇岩の前に建てられてあって庵の周囲にだけ樹木が茂って居るから、遠くから見てもよく目につく。特に庭先きの大葉菩提樹《ぼだいじゅ》の老木は珍しい。そこで家族の居間とも本堂ともつかない広い温突間《オンドルま》で休息した。小僧は仏壇の横手で頭を剃ってもらって居る。女房らしい女は隅の方で食事の仕度をして居る、住持は雑話を混《まじ》えながらお経を上げて居る。子供も側で遊んで居るので、随分賑かな部屋だった。住持はお経を上げながら寺男に指図をして、自分達を歓待してくれた。「日本人は沸いた湯でなければ飲まない」とか、「火鉢に火を入れて来い」とか、子供らに「静かにしろ」というていた。自分達は拾って来た焼物の破片を嚢から出して、湯を飲みつつ眺め入った。住持に窯跡のことを問うて見たが、何も知らなかった。子供らは菓子を貰って喜んで吾々と直ぐ仲よしになった。そこを立つ時、厨房《ちゅうぼう》を覗いて現在使って居る器物を見せてもらったが、焼物は大部分この頃の日本製品だった。こんな山中に来ても朝鮮の焼物に会えなくなったことは、何となく淋しい気がした。

それから山道は少し急になって、峠を越えると山の相が一変して、松林の中に三幕寺がある。三幕寺はこの山で一番大きい寺で他は皆附属の庵寺になって居る。眺望がよくて、晴れた日には仁川の沖もよく見えるはずだ。北漢山(7)一帯の切り立った山々、氷の張り詰めた漢江は眠ったように静かだった。温突から吐く煙に埋れた京城を眺めて居ると、正月の酒に浮かれて市内を横行する酔漢も想像された。

寺の暖かい温突に入って昼食をした。温突は広くて、拭き抜かれた油紙の味が実によく出て居た。滑かで、平らで、暖かで、狐色で艶《つや》がある。こんなものを見るととかく、ただ見ただけでは済ませないで、妙に本能的に触覚に感じなければ満足出来ない気がして、何処《どこ》も掌で擦《さす》り廻して見た。

部屋の中央の一側に仏壇があって、五、六人の年寄った僧侶らが焚口に近い暖かい方に集って、話上手らしいのが興味ありげな話をして、時々皆と一緒に高笑した。他方には若い弟子どもが四、五人寄って、紙を切って何かの細工をして居る。その側に子供が二人、『千字《せんじ》文《もん》』を繰返し繰返し、高声に読んで居た。自分達は年寄連の居る側の暖かい処に席を与えられた。用意して行った、パンや焼肉の缶詰で食事を済《すま》したが、寺から出してくれた、大根の丸漬は特に出来がよくて、自分達の間に評判がよかった。

この寺の住持は名を池氏というて、今年六十五歳になるそうな。三十五の時来てこの山にだけ三十年間住んで居るという。永年住んで居るだけあって山のことも里のことも明るい。色々の話も聴いたが、焼物に関しては、ただ陶土のある処を知って居ただけであった。

池氏はいった「俺のこの寺に来たばかりの頃、それがおよそ三十年前のことだがこの山から陶土を掘って叺《かます》に入れて盛《さかん》に送り出したものだ。その頃の話ではその土は広州郡の分院に送られたのだと聞いて居た」。「その土のある処を誰か若い者にでも案内させてくれまいか」と、頼んだら、老僧自ら、「俺が行って遣《や》る」と、いうて仕度をして先に立って、勇んで案内してくれた。自分達は、坊さん達に見送られてそこを立った。

老僧は腰の鍵を出して、大雄殿の門を開いて金色《こんじき》の本尊や、白く塗った末社の安置してある処を見せてくれた。大鼓〔太鼓〕の前に敷いてある、紙捻《こより》で編んで〔だ〕円座はいい味になって居た。建物も小ぢんまり整って居てよかった。

寺の境内を出て山腹につけられた細道を行くと、小高い処にまた庵室らしいものが見える。老僧がそこを目掛けて、大声に何か叫んだら内から男が現われた。老僧は遠く離れて高い処に居る男に金の催促らしいことをいった。二人は黙頭〔點頭《うなず》〕いて直ぐ了解が出来たらしい。この山中の生活ではこんなに離れて居て用談をすることもしばしばあるものと見える。

緩斜の道を上って山の背に出た。見晴らしのいい処に立って居る自然石に「南無阿弥《なむあみ》陀仏《だぶつ》」と彫って朱を入れてある。老僧は説明して、これは阿岘の金氏の記念だというて、金氏の話をして褒めて居た。金氏は僕の村の長者で僕も日頃感心し尊敬して居る老人である。善人で慈善家であるが普通にあるこの種の人より、遣《や》り方が優れて居る。無賃貸家を建てたり、殆《ほと》んど無利子同様の金を細民に貸したり、独力で橋を掛けたりして居る。家では先代からの手堅い太物商《ふともの》をして居て、道楽としては寺詣をしたり寺の伽藍《がらん》の修復などをして廻ることが何よりらしい。僕が金氏の近所に住んで居て、よく知って居るというたら、老僧は喜んで今度金氏を訪ねたら僕の処へも寄るというて居た。

右の処から少し行くと、急な下り坂になって居て、坂は長く続いた。中ほどで一休《ひとやすみ》した時老僧は谷の彼方、石畳を指して「昔にはあれが第一幕で第二幕の跡はこの蔭の谷にある。三幕寺はその時代の第三幕だったのだ。寺の名もそこから来ている」と説明した。それから「以前はこの辺一帯に立派な森林であった。それは寺で保護して居たのでよかったが総督府になってから取り上げられて、寺持ちの森林は寺の周囲僅かの部分に限られたので、この頃は寺では薪にも不自由するほどになった。今、この山は日本人の金持ちが独りで全山を手に入れて経営して居るが、年々荒れるばかりで、有名な冠岳山の松《まつ》茸《たけ》も近年は寺の附近だけにしか生えない」なんていう話も途々《みちみち》した。谷に下り切った処で道を外れて小沢に入ってまた上って行った。頭は丸々と禿《は》げた、白髭《しらひげ》の太った老僧が花崗岩の骨張った山の斜面を、軽快に馳《はせ》り廻る図は、画に見る神仙のようだった。やがて陶土のある処に着いた。花崗岩の間に喰い込んで居る白土の脈で、いかにも掘り出した跡があった。「これから一つ先きの峰にもあるから見ないか」というて老僧先きになって行きかけたが、晩《おそ》くなるから止《や》めにした。

老僧と別れる時Yさんが、例の毛皮の襟当を贈って、彼の頸《くび》に纏《まと》って遣ったら、随分喜んで、円満の相は一層美しく平和に見えた。

それから道もない、霜柱の立った斜面を降《くだ》って元の道に出て、小川伝いに四、五町行くと、小岡の斜面に残雪のように白く焼物の破片が見えた。かなり大きかった窯の跡らしい。破片によると、白磁に鉄砂《てつしゃ》の模様を染附けしたものがあることが、特に変った点であるが、二番目に見た窯より大形のものが多く、形が少しだれて居てやや厚手で、色は緑灰色を帯んで居るものが多い。なお二番目の窯に比べて轆轤《ろくろ》の目があまりはっきり出て居ない。また高台が砂附になって居ることなども異った点である。鉄砂模様は点と線とで放胆に草花のようなものを描いてある。この類は現在朝鮮人の家庭で使用して居るものを見たことはないが、道具屋では時々会う手である。民族美術館にもこの手のものが一つある。ここに来て見ると、あれの出生地だなと黙頭〔點頭〕かれて、懐しい感じがした。

そこでも美しい破片を拾って嚢に納めた。冬のことだから氷り附いて居て拾うのに苦心した。凍《し》みが解けてから、道具を持って来て破片の堆積を掘り返したら面白かろうと思った。そしたら下層からあるいは窯の開設当時からの破片が出て歴史的にも見れるかも分らん。その点から考えると今、自分達の拾ったものは堆積の順序から推して窯の最終期に生れたものになる。

自分達は帰り仕度をして道を急ぎかけた時、枯草の束を背負った男と一緒になった。男は自分達に話しかけた。

「そんな焼物の破片が銭になるのかねエ」と。自分達の所作を最前から何処《どこ》かで見て居たものらしい。

「別段銭にはならんが古い焼物を調べる参考にするのだ」と、いうたら、

「焼物会社でも創《はじ》めるのだろう」と、独りで早合点して居る。

「そうではない」とだけいうてそれ以上説明の仕様もないから、今度はこちらから、

「この附近に今見た処の外に、焼物の破片の集《あつま》って居る処を知らないか」と、問うたら男は、

「知って居る」と、答えて「金を呉れれば案内してもいい」と、いう。

酒代三十銭を約束して、案内してもらうことにした。

聖主庵の下手《しもて》に来て、男は草の荷を路傍に卸《おろ》して、自分達の先に立った。川に添った沢道を、流《ながれ》を縫ったりして、約半里帰路と反対の方向に溯《さかのぼ》った。路傍で落葉を集めて居た、案内男の友らは、彼《か》れが洋服を着た風の変った日本人と同行するのを見て、山番に捕《つかま》ったのだなと、私語し合って驚いたような表情をして傍観して居た。この辺の人達は山番には時々いじめられるらしい。いくらいじめられてもこの冬の寒い夜を冷たい石の上に明かす訳にはいかないから、恐る恐る鼠《ねずみ》が物を引き込むように焚物を集めて去ることにも同情出来る。こんな山間に棲《す》んで居て僅かの林も持たず、祖先伝来の入会林《いりあい》の何千町歩《ちょうぶ》が一手に個人の有になったのだから盗むのも無理もない気がする。山番の看視が

いかに厳重で、盗採者に対する刑がいかに峻酷であっても、山は青くなるまい。山の青くなるためには、地元に住む人達の理解ある同情を必要とする。

道が思ったより遠かったのと、小雪が降り出して来たのとで自分達はやや疲労を覚えた。しかしこの挙は徒労でなかった。

窯跡らしい処は山腹の岱地《たいち》(8)にあった。地形は余りはっきりして居ないが、古い時代に陶器を焼いた場所であることは疑いない。それは破片の形態や、窯から出る溶物でも想像出来る。破片は今日見た三つの窯のいずれとも変った手法のものだった。色は青磁がかったものが多く、鼠色や黄味がかった灰色のものもあった。造られたものは鉢や皿が多かったらしい。高台には四、五点の練砂が置かれ〔て〕あって、五徳跡は小さかった。概して軟い感じのするもので、釉薬《うわぐすり》の溶けて溜った処といい、高台まで釉薬の掛った具合といい、茶人の好きそうな味のものもあった。時代は前見た三つの窯より古いと思う。李朝初期かともかく、高麗青磁に関係を持った窯場であったらしく思う。

雪がしきりに降り出したので、他に少し寄途《よりみち》したら見れるはずの窯跡をも見ずにそこから引き返した。

この山は夏でもゆっくり来て処々にある庵寺に泊って、静かに調査したら面白かろうと思う。人の話に始興側の麓に三島手の窯跡もあるとのことだ。

案内男が荷を卸して置いた処まで帰って見たら、置いたはずの草束はそこになかった。男は狼狽《ろうばい》し出した。自分達は晩《おそ》くなるから、約束の金に僅かを足して彼れに与えて別れた。

自分達は別れてから心配して男を何度か振り返って見た。あの草束がもし盗まれたのだったとすると、彼れは自分達を案内するために、一日の労を無駄にした訳になるから気の毒だと思った。草束は間もなく土手の下で発見されて、それが彼の友達の戯《たわむ》れであったことが分った。

自分達は吹雪に煙る道を急いだ。紫霞洞を過る頃は足元も見えないほどの吹雪だった。

自分達は道すがら語り合った。

「今日の遠足の愉快だったこと」、「会った朝鮮人の誰もが厚意を示してくれたこと」、「折があったらこの山の寺に泊って窯跡の調査をして見たいこと」、「出来たら気心の合った二、三人と一緒に朝鮮中にわたって窯跡を見て廻る旅行がして見たい」、「現に製作して居る朝鮮人の窯場を訪れることも興味が多いと思う」、「破片を集めることも面白い。優秀なものの破片は全体の美を語って居る」、「昔の朝鮮人は焼物の美しさを理解して居たに違いない。それは優秀な多くの陶磁器が造られ愛用されたことからでも想像出来る。美しい焼物の世界はこの国の人達に何時《いつ》また甦《よみがえ》るだろう」、「芸術は強いて生れるものでない。芸術の盛衰も民族の消長に伴う外ない。民族が自覚して立ち、色々の不安も不愉快も去り自由の世界に伸び出したら自《おのずか》らそこに民族芸術の花は開くだろう」。

「自分達はこれらの望みを民族美術館の仕事にして気長に上よりの祝福を祈りたい」。話しの間に鷺梁津の峠に来た。雪は止《や》んで星が見えて居た。京城は南山の裏から電燈の海と見えた。漢江を渡って龍山から朝鮮銀行前まで電車に乗って長谷川町の支那料理で着物を乾しながら晩飯を食べた。その間も一日の出来事を繰り返し話し合って興がることを忘れなかった。

和泉町のYさんの宿の附近で二人に別れて山越えして阿峴に帰ったのは十一時過ぎだった。

窯跡めぐりの旅を終えて

柳さん。

今度の旅行は愉快でかつ有益でして、暮れに貰った御手紙の様子では、もしかすると貴兄が吾々の不在中に京城に来て居るかも知れない、というような淡い期待を持ちつつ帰って来ました。

逢ったら話すことが沢山あるのです。そしてこの美しい破片の数々を見せられたら貴兄も興奮を禁じ得ないでしょう。ところが帰って間もなく九州からの電報で渡鮮(1)を断念されたことが分り少しがっかりしました。しかしその逢うことの出来ないという刺戟《しげき》がこの手紙を綴《つづ》る主な動機になったのです。

今年(2)も例年の通り郷里(3)で新年を迎えるはずでしたが出立の前日急に変更しました。一緒に暮すことの出来ない一人の子供(4)に逢うことは嬉しいことでもありまたそうする事が子供のためにも良いのには相違ありませんが、逢《お》うてもまた別れて一人戻る時のことを思ったら妙に元気がなくなりました。それに十日間位の日程でしたら半分の日子《にっし》は往復に費《ついや》さなくてはなりません。それからまた去年甲州の田舎を貴兄と歩いたように今年は京都の郊外でもお伴したいとも考えましたが、貴兄も九州へ行かれるらしかったのでそれも叶わないと思い帰郷を思い止まったのです。そうかといってお正月は家に居ても本も読めずかえってくだらないつきあいを余儀なくされる場合もあるのでともかく旅行をしようと考えている矢先、大連の小森さん(5)が康津へ窯跡調査に行くという話を聞き僕も急にその気になったのです。康津だけでは面白くない鶏龍山(6)へも行こう、そして直《す》ぐ明日立とうと京城へ行く電車の中で決心したのです。

その日民族美術館で小森さんと家兄(7)に会いましたからそのことを話しました。小森さんも鶏龍山行に賛成し、明日一緒に立とうということに決りました。その日の午後吾々は李王家の博物館で末松さん(8)に康津窯の説明と、窯跡から蒐集《しゅうしゅう》した破片を見せてもらい、ますます行きたい心が勇みました。

吾々は予定の通《とお》り二十九日の朝京城駅を立ちました。行政整理で退官した人達や冬の休暇に帰郷する人々などで汽車〔は〕混雑しました。午後の二時頃大田(9)に着き儒城温泉まで自動車に乗り儒城で農家に入って人夫を傭《やと》い荷物を背負わせて鶏龍山に向いました。

鶏龍山窯跡図（作成者・高崎）

その夜鶏龍山の東鶴寺に着いたのは七時過でした。暗い道を疲れた足で一里位も歩いたかと思います。尤《もっと》もその日は初日としては恵まれ過ぎるほど沢山の収穫があったので吾々は晩《おそ》くなっても元気でした。

その日の収穫の記憶を辿りますと、先《ま》ず温泉場を出て間もなく瓮(10)を焼く村がありそこで仕事を見たり、小森さんが写真を撮ったりしました。またその附近の山麓に白磁の窯跡があり人夫に問うと約十年前まで燔《や》いていたとのことです。青味を帯んだ白で普通の鉢や皿や祭器などの破片が道路を行っても見えるほどに捨ててありました。

沙峯という村の手前で今まで来た公州街道を外れ細道を辿り沙器所という村に出ました。吾々は家兄がかつて一度ここに来た時印した図面を借りて持って居たので大変重宝しました。それに村の入口で子供に出遇いましたので何時《いつ》もの例に依って案内を頼みました。沙器所という村は後《うしろ》に山を控え前は川に臨み陶器の村に応《ふさわ》しい景色と地の利を備えています。初めに見たのは部落の裏で今は畑や宅地の一部になっている処です。燔いたものは厚手砂高台《すなこうだい》の白磁で村の老人に質《ただ》すと三十年ばかり前まで燔いたとのことです。そこから十間《けん》ばかり登ると窯跡は定かでないが傾斜した畑に窯跡から出る沢山の破片が散《ちら》ばってありました。その畑の一方が断崖になっていてその崩れた処を見るとその畑の下層にも多くの破片が埋れていることが分ります。薄手の上等の三島《みしま》手で白絵を刷毛《はけ》で施したものや白絵の上に鉄砂《てつしゃ》で簡単な唐草《からくさ》様の模様を描いたいわゆる絵三島の優秀な破片を見ました。時間があってあの崩れかかった処から叮嚀《ていねい》に畑を掘り返したら面白いものも出そうな気がしました。そのうちに村の子供らが何時《いつ》の間にか多勢集まって来て佳《よ》い破片を探すことに手伝ってくれました。その次に案内されたのは村の東方松林の入口です。ここは窯跡もやや見当つく程度に残っています。前の如き砂高台の白磁ですがこの窯の特長は鉄砂の染付を施したもののあることです〔。〕そして形から考えると最初に見た白磁の窯よりは確《たしか》に古いと思います。それから吾々は小川を渡って西方の小山の裾《すそ》に行きました。そこには三島手の大きい窯跡があります。しかし沙器所の村の裏の三島手よりは一般にやや下手物《げてもの》と見ました。くっつきや破片も随分沢山でした、人夫に少し掘らせて見ましたが鍬《くわ》の柄《え》が折れて止《や》めました。尤もここは東北面の傾斜地で赤松の木立の蔭になっているので土地も凍《し》みついていました。それから同じ山麓で西方に続いた一帯窯跡らしい形跡があり比較的大形の瓶《びん》や鉢の破片を多く見ました。いずれも三島手で鉄砂の染付もありましたが概して大きい模様でした。そこで足本も見えないまでに暗くなり宿を求めることを余儀なくされました。尤も初めから寺に泊るつもりでいたのと寺の道は人夫が心得ていたので暗くなっても割合平気でした。寺の一夜は僕にはかえって興味がありましたが小森さんは馴れないから苦しかったかも知れません。それに何かの法会《ほうえ》で尼さん達まで大勢一緒になって晩くまで騒々しく御経をあげていましたからなかなか眠れませんでした。

三十日朝。起きてはじめて寺の位置や泊った建物の様子が分りました。後も前も高い山のある谷あいで寺のある部分だけが緩斜地になっています。前に清い流があり見える範囲の山は全面森林で蔽《おお》われています。雪模様でしたが前夜坊さんに尋ねて定めて置いた順序に従って調査することとし寺の客房を出ました。客房は川端の石垣の上に建てられた寺の外郭の一棟で大雄殿の真下にあります。

坊さんの案内で大雄殿の前を通り寺の西裏に出ると畑がありその傍に柿の木の生えている斜面があります。その柿の林の下が窯跡でした。厚手の白磁で高台には汚く砂粒が附いていますからこの破片をこのまま示されたら誰でも現代のものかそれとも古くて二、三十年前位に思う処ですが、その柿の木は少くも五十年以上を経ているらしいので、その窯の最終のものすら五十年以上を経過していることは明かですが、まさか窯を廃《や》めてすぐその後に柿の木を植えた訳でもないでしょうから、この白磁も存外年代の古いものだということが想像出来ます。この寺の住持もここに来て約三十年になるが、この窯跡のあることすら今日まで知らなかったというていました。それから引き返して大雄殿の直ぐ横裏に余り古くない堂があります。名ははっきり記憶しませんが多分三聖堂かと思います。その建物の附近で窯跡のあったことの想像出来る資料が沢山得られました。そこは主に三島手で特に鉄砂の染付が多いのです、蓮《はす》の葉に魚など描いた例えて見ると李王家の博物館にある絵三島の魚の徳利というた図柄の物が多いのです。寺は坊さんの説に誤りがなければ新羅《しらぎ》時代の建立ですからこれらの焼物は坊さんの手で出来たのかも知れない気がします。殊に模様から考えても仏者に応《ふさわ》しい題材が取扱われているようです。それにこの沢には昔《むか》し多くの寺が所々にあったことを坊さんは話しました。私達は川に添って深山の感じのする樹林の間を通って昨夜来た途を沙器所の方へと戻りました。昨夜は暗闇を夢中で歩いたので何も見れなかったので、今日は猟犬が野に放された時のように注意して馳《はせ》り廻りました。寺と沙器所の中間位の処で畑中に白磁の窯跡を見付けました。それは東鶴寺の裏の白磁に類したものでした。それから沙器所と相対した石峯里という部落の入口の麦畑に三島手の窯跡がありました。この畑では破片を大分沢山拾いました。そこには殆んど三島手の各種があります。刷毛目《はけめ》、彫模様、押形の花模様、鉄砂染付、点と線を象嵌《ぞうがん》したいわゆる暦手《こよみで》までを網羅していました。

　概して鶏龍山の三島手は素地《きじ》が黒く陶器質ですから、白絵が鮮かに効果を奏し高台には五徳跡のあるのが普通ですが砂附のものもあります。一般に高台の強さは乏しいが優しく女性的に可愛く締まったのが多いようです。白絵のほんのりと浮いたようの光や透明が青味を帯んだ釉薬《うわぐすり》の下に沈んで見える素地の渋い色は茶人の喜びそうなものです。素敵なのを拾うと吾知らず密《ひそ》かに微笑《ほほえ》むことも度々ありました。

石峯里の一農家に入って主人に附近の状況を資〔質《ただ》〕しその主人に案内してもらいその村で更に二箇処の窯跡を見ました。一つのは三島ですが今は人の屋敷になっています、一つは少し距《はな》れて畑中の道を行った山麓にある白磁の窯でした。行く途中の麦畑に多数、青磁や三島手の破片を見たので附近に青磁の窯もありはしまいかと思ったりしたほどでした。

それから沙器所の前を流れている河原伝いに下りました〔。〕川原に転がっている白い石はいずれも焼物の素地になる石だと小森さんはいいました。川を下り公州街道に出て少し行くと旧名下沙器所という部落に出ます。吾々はこの附近でも二ケ処窯を見ることが出来ました。一つは緑色を帯んだ白磁で村人の談に依ると三、四十年前まで燔いていたそうです。窯の底部が明瞭に残っています。数室の部屋になっていて隔壁の下部に孔《あな》があり日本の有田式の窯が想像されます。破片によるとコバルトらしい青の簡単な染付もしてありますからともかく近代のものには相違ありません。も一つは温泉里という村から沢道へ入った処の畑中で三島手と白磁の破片が混って沢山ありました。いずれも高台に五徳跡か散砂が附いています。吾々が今度鶏龍山で見た窯の内白磁としては最古のものかと思います。三島手と白磁とがある処やその手法から考えても分院附近の三白里などと同時代かと見ました。

路傍の酒幕(11)で昼食の代《かわり》に沙卵〔炒卵《いりたまご》〕を食べたのは午後三時頃かと思います。

それから儒城への途中沙峯里の附近で白磁の窯を一つ見ました。そこで出来たものは東鶴寺裏のものと大差ないようです、なおこの附近にはまだ他にもあるらしいですが時間がないので見ませんでした。

その夜は儒城温泉に泊りました。

温泉というても淋しいものでした。もう既にこの四、五日一人も客が無いとかでかえって吾々には仕合せでした。湯に温まってから女中を揶揄《からか》いながら手伝ってもらって拾って来た焼物の破片を整理しました。女中はこんな話をしました。三人居るうちの二人は最近九州の別府《べっぷ》から来たのだが来る時世話をした人に騙《だま》され朝鮮一の儒城温泉に行ったら素晴しい景気だというから少なくも別府の半分位はあると思って来て見ると日本人の温泉宿が田圃《たんぼ》中にたった二軒、しかもその来た家というのがこの始末、彼女らが来てから吾々が最初の客とのこと、彼女らは家を出る時親兄弟が随分反対したのを無理に飛び出して来たのだから、どうしても一儲けしなければ帰れない事情ですからどうか、大連の方へ適当の口を探して下さいと小森さんに頻《しきり》に頼んでいました。彼女らの話には少しは嘘があるにしてもこうした関係から一生を誤る婦人の多いことはありそうに思えます。殊に朝鮮から満洲にかけては珍らしくない例かと思います。

翌日は午前中休養しました。女中らに頼んで破片採取用の木綿袋を多数用意して大田に引き返し鶏龍山で採取した破片は全部荷作《にづくり》して鉄道便で京城に送り、大連から来るはずの中尾[12]さんを待つ間駅の階上で食事をしました。儒城温泉の新参女中二人も一緒でした。彼女らは宿に居ても用事がないからというて一緒の自動車で随《つ》いて来たのでした。二人ともよほど今の境遇に窮して居るらしく見えて気の毒でした。

中尾さんは予定の時刻に来、女中らは淋しそうに戻って行きました。

ここから吾々の一行は三人になり駅長室で木浦行の汽車の出るのを待ちました。中尾さんを貴兄は御存じないかも知れませんから紹介します。満鉄試験場の課長で薬学の博士、支那の焼物の研究者であり、小森さんの事業の理解ある後援者だそうです。僕も初めて御会いしたのですが造作無く話の出来る人です。

その日は夜の九時過ぎに栄山浦に着き仕度をとり注文した年越しの蕎麦《そば》を食べて話している間に大正十四年は開けました。

一月一日寝て起きると小雪が舞っていました、雑煮《ぞうに》を食べて出立の準備をしている処への町の有力者から所蔵の高麗焼《こうらい》を見てくれというて持って来ました。三、四点あったうち今も目について忘れないのは青磁の茶碗と花瓶です。茶碗は色も形もよしそれに黒の象嵌で花紋と瓔珞《ようらく》模様があり、内側の底にも何か簡単な模様がありました。それに蓋《ふた》まであって蓋にも同じ黒で鳥と蜻蛉《とんぼ》が描かれてある初《はじめ》て見る珍品でした。花瓶の方は地は青磁に少し黄味を帯び普通にある形ですが、象嵌模様で肩に白の蓮弁が連ねてあり裾には黒の雷紋《らいもん》継ぎが施されその間両面に軟い調子の蘆《あし》が三本ずつ穂は白く茎と葉は黒く描いてありました。それらを眺めて嘆賞している時思いがけなくも家兄と三枝君とがやって来たので吾々の同行はにわかに殖《ふ》えそれに道庁から中尾博士の調査を助ける意味でしょう、役人を出してくれたので総勢六人になりその上道庁から自動車まで貸してくれました。

栄山浦から康津まで十何里かの間途中霊岩で竹材工芸の組合を見たのと路傍にある塔を見るために自動車をちょっと留めただけでした。

康津の宿に着くと郡庁の役人方が押し掛けて来ました、博士の行くことが道庁から内通されていたものと見えます。天気が直りかけて急に寒くなりました。火鉢に掌を翳《かざ》しながら調査日程の相談をしましたが、当《あて》にして来た発動機船がお正月で二日間休航するということで頭を捻《ひね》りました。船の出る日まで待てば旅程に狂《くるい》が来るので陸行することになり途中もいずれ窯跡を見ることが出来るだろうから、誰か出発しては如何《いかが》という家兄の発案に僕は直ぐ賛成し三枝君と二人直時出発することにしました。

僕は予《かね》て五万分の一図で地名を調べ窯跡のありそうな処に印をしてありましたから、その地図を頼りに先ず第一に金沙里に行きました。ついでにいいますが朝鮮の地名は何かその土地に因《ちな》んだ名を持っている点でよく出来ています。あるいは歴史的にあるいは物産とか地勢や風景に因《よ》り処《どころ》のある名を持ったのが多いのです。それを後から入った日本人が勝手に改称したりすることがあるようだがそれは慎んだ方がいいと思います。町の名でも柳、桜、黄金、東雲、曙、春日などどういう字は何の縁故もない字です。なるたけ旧来の地名をそのまま用いた方がその土地の感じにしっくりして居るのみならず窯跡など探す上にはその旧名がどれだけ役立つか知れません。吾々は何時《いつ》も窯跡を探すのに地質と地名とを頼りにし現地に行きそれからその附近の地形を考え見当をつけて村の人にも質す順序にしています。しかしそれで八分通《どおり》は的中します。例えば金沙里、沙器里、沙器所、沙店は明かに窯跡のある処ですが(13)、徳洞、古基里、道馬里、平村なども普通に焼物と関係ある部落です。けだし基は器と坪または平は瓶と同音であり道は陶と近く発音し徳は甕の意と音が通ずるから用いられたのかとも思います。こんな例は他にも沢山あります。

ところで金沙里では村を随分尋ね廻ったが誰も窯跡を知〔っ〕た人はありませんでした。以上地名の判断も役に立たないことになり折角廻り道して来たのに残念だと思いやや悲観の態でしたが、そこに来た十歳ばかりの子供が裏の畑に茶碗の破片が落ちていると教えてくれ行って見ると正《まさ》しく窯跡でした。やや灰色がかった青磁と花紋のある三島手《みしまで》との破片がありました。いずれも高台に五徳跡があるが余り上物ではありません。五徳跡のある同時と思える白磁の破片も多数ありましたが、それがその窯で熢《や》かれたかどうか決めるだけの資料を得ませんでした。そのうちに日が暮れかけたので田圃中の近道を目差す〔し〕水東里の方へ急ぎました。ところがその路傍でまた窯跡を一つ見つけ破片を拾って見ると前のものと大差はないがただ高台に砂附きのものも混っていました。ここでは余り優秀な破片を見ませんでしたが地名の証明が出来ただけがいささかの喜びでした。

山道を迷い込んだが辛《かろう》じて明るいうちに大路に出てそれから暗い路を二里ほども歩き水東里に着き警察の世話で宿を探して泊りました。巡査は自分の家から酒や肴《さかな》など運んで歓待してくれました。その村には日本人は巡査一人きりだそうです。この頃お産があって主人が産婆の役を勤めたことなど話していました。都会で見る巡査と異って素人のような親しみを感じました。巡査にその話をしたらこの辺では地元の朝鮮人の前でも一般に余り威張らない風だそうです。それに気候がよくて暮し易いので退官した者でもその土地に落ちついて住む人が少くないそうです。やはりその土地の住民になる気で勤めることが朝鮮に居る役人には必要な考えだと思いました。然《しか》るに今の日本人官吏というものは高い使命を帯びて遣わされていると自任している大官から〔、〕俸給を取りに出稼《でかせぎ》に来て居るのだと露骨に考えている俗吏に至るまで押しなべて腰の据《すわ》りがよくないことを思います。

康津に居る中尾さん達へ宛て今日の様子を認《したた》めた手紙を明朝未明に立つという人夫に渡して元日の幕を閉じました。

一月二日。今日は三枝君と二人です。朝起きて先ず地図を拡げ早速地名を調べると道の字や平の字や沙の字のつく地名は沢山です。迷って居ますと昨日頼んで置いた面長から知らせがあり農所という部落に焼物の破片の多い畑があることを知りました。そこで腹を定め農所へ行くこととしその途中にある道の字のつく村を調べ、更に沙の字のつく沙邱へも廻る道順を考え連れて行く人夫にそのことをいい含めて出発しました。

一里ばかり行って道岩という処があり窯跡のことを逢う人ごとに問うて漸《ようや》く案内してもらった処は、瓦器の窯跡で少しがっかりしました。次の村は道康でそこには立派な青磁の窯跡を見ました。部落の裏山麓南向三十五度位の傾斜地に長六、七間の鉄砲窯が想像出来る程度に残って居ます。青磁の色は冴えて随分鮮かです。高台も強くはないが汚くはありません。[14]靭を用いて本式に燔いたためか破片の少ないことは朝鮮の窯跡に珍しいほどです。

それから後は農所の村の青年に案内してもらって四つの窯跡を見ました。そのうち青磁が二つ三島手が二つでした。青磁の方は道康のものと大差ありませんでしたが、三島手は特色ある窯でした、村の直ぐ背後にある麦畑の殆んど全面に破片が散《ちら》ばってあります。そこにあるものは壺、茶碗、皿〔、〕瓶などで、そのうち茶碗が最も多く三島は刷毛目のものが普通で刻《ほり》模様や白絵をべた塗りしたのもあり、また白磁や青磁も混っています。この窯で特筆したい点は高台の強く美しいもののあることと釉薬が軟く温味のある光のことです。青磁を見ていると何となく支那の感じを受けますが、これこそ朝鮮の味だという感じはこの三島が代表します。無造作のようで何処《どこ》かに細心の処があり纏《まと》まらないようで落ちつきを失わず、放胆でありながら安定さと温味を傷《きずつ》けない〔、〕華やかでないが沈んでもいない。一体高麗青磁の系統のものは贅沢《ぜいたく》な形、強い線、華やかな模様を有《も》っているが後台〔高台〕に安定さの欠けているものが多いのに三島手の特に南方のものには岩の上に建てられた家のような高台を持ったものが多いのです。日本の昔の茶人が愛した後台〔高台〕もこの類だったと思います。後世日本の陶工らの模倣したものと違って轆轤目《ろくろめ》なども個々別々で皆面白いのです。も一つの三島手の窯は村の東端にあり大形の模様を線刻した破片を多く見ました。

吾々は案外の収穫があったので元気づき峠を越えて沙邱へ行きました。村の東方長興郡へ越える道に添って南西の山麓に三ケ処の窯跡を見ました。青磁や白磁のものも稀にありましたが大部分は三島手で種類は刷毛、無地、花、渦巻、暦手《こよみで》彫模様などです。後台〔高台〕は農所のもの同様優れていて白絵の鮮かにこっそりしている点は更に上手《じょうて》かと思います。窯の位置構造などはいずれも想像出来ないまでに均《なら》されて畑になっています。小石や焼物の破片が多いので一帯に木綿に適するものと見えます。窯跡と思える部分の傾斜を見ると一般に三島手の窯は二十度内外、青磁の方は三十五度位で概して急勾配です。

附近の農家に頼んで食事をし水東里の宿に戻ったのは午後の四時でした。面事務所で聞くと中尾さんの一行は午頃《ひる》着いて、沙富から瓮店方面へ出掛けたそうですから、直ぐその方向へ行って見ましたが逢えませんでした。

沙富というのは古くから瓮を燔いている部落だそうです。水東里から、この辺一帯は土地の下層に陶土を産するのです。沙富の名もまたこれに因《ちな》んだかも知れません。沙富で今燔いているものは大体永登浦の瓮の類ですがあれより素地がやや良く作り方も違っています。紐《ひも》状に長く捏《こ》ねた土を轆轤の上で巻き上げて行くのでなく板状に拵《こしら》えた土で曲物《まげもの》を作るように下地をはじめるのです。それから特に異様に感じたのは鉄砲窯の中央が駱駝《らくだ》の背中のように凹《へこ》んでそれから先きの傾斜がにわかに急になっていることです。そして凹んだ部分に横口があり内部には壁があって窯はその部分で仕切られ二室になっています。この辺の窯は全部この型だそうです。その窯が波の押し寄せる海岸に二つ並べてあり、冬というても暖かいので女や子供らまでが土を練ったり出来たものを運んだりして働いていました。この辺でこんな生活をして見たいなアという気が直ぐ起りました。家兄らの談によると瓮店の方は岬になっていて松林もあり景色はここよりも一層佳《よ》かったそうですが最早《もはや》暮れて行けませんでした。

夜は巡査の家で晩食の厄介になり一行は再会しました。食事が済んでから面事務所の温突《オンドル》に集まって今日の獲物を展覧したら皆興奮しました。小森さんは高台の種類を集めているということで各党(15)で変ったのを二、三個ずつ分けました。

明日の日程は寝る前に漸《ようや》く定まり今日吾々の見た窯を見て山越えして大口面まで行くことになりました。

一月三日。昨日の旅行軍〔強行軍〕にへこたれた三枝君は仕事の関係もあって朝康津を立つ自動車に乗るべく、一番鶏の鳴く時起きて帰ってしまいました。吾々もこの日は六時に勢揃いして朝飯前で〔に〕出発しました。霜の置かれた道を段々明るくなる東の空を見つつ行くと点々〔と〕ある部落から朝餉《あさげ》の煙が立って低く棚引き部落を包んだなかから鶏の声が聞えるそのうちに雲の赤く染まった間から太陽も出る実に平和な朝でした。

吾々は昨日の順序に従って見て行き農所の裏の三島の窯跡を麦畑の主人に交渉して掘って見ました。先きを急いでいるので徹底的に調べることは出来ませんでしたが、窯の方向などは大体判りました。破片も随分深く埋もれて居ます〔。〕傍にある豹《ひょう》の糞を見て皆驚きました。この辺は立派な森林に接続しているので豹も時に出て来ることがあると見えます。糞を組成しているものは殆んど豚や兎の毛ばかりでした。

朝飯は予《あらかじ》め頼んで置いたのでその村で済しました。この村の沢の奥に寺の跡があるというので行き、坊さんの墓らしい塔の美しいのを二基だけ見て引き返しました。何ぞ寺と焼物との関係を知りたいと心掛けているのですが、こう急いでいては駄目です。

それから沙邱では昨日の地域内で明かに窯と考えられる処を更に一ケ処家兄らが見付けました。破片には大差ありません。

そこから山越《やまごえ》して長興へ行くという若い男が一緒になり話しに曰《いわ》く、こんな破片はこの山を越えた長興郡内にはいくらもある、もっと模様の美しいのもある処を知っているということでした。図を開くとそこにも農所、新平、中沙里などの地名があるので行きたい気もしましたが、肝心の大口面がまだすまないので思い止《とど》まりました。

それから吾々は海抜約千尺の峠を越えて大口面に入り、浄水寺(16)に行って食事をしました。寺は建物もよし位置もいいのですが今は廃頽《はいたい》の局に達し実に目も当てられぬ有様になっていました。交通不便で殆んど限られたこの地域にこれだけの大きさの寺のあることは大口面における高麗窯の盛《さかん》な時と何かの関係があるようにも思われました。仏像は大分統営の寺へ運んだということでしたが、まだ木彫の仁王や唐子《からこ》のようのものに欲しいものが残っていました。

寺を下りると雲谷、巷調〔巷洞〕の二部落がありいずれにも青磁の窯跡があります、これからは李王家で先年調査した時の図面によりましたから探すにも骨折れませんでした。ここの窯では僅かに線彫したものと型を用いた薄肉《うすにく》模様と黒で染付したものは破片を稀《まれ》に見たのみで、大部分は無地の青磁でした。巷調〔巷洞〕の窯跡を漁《あさ》っている間にすっかり暮れて足もとも見えなくなりました。それから一里余の道を面事務所のある水洞里へ着いた時は皆相当疲れていました。

その村でも面長、巡査、校長などから深切《しんせつ》をうけました。

夜は毎夜焼物のことで議論が沸騰《ふっとう》します。中尾さんは科学者だから何時《いつ》も論鉾〔論鋒〕が科学的です。小森さんは実際家だから方法論が多いのです。そこで家兄は何時も観賞的態度に出るのですから三人三様力瘤《ちからこぶ》の入れ処が違うのでなかなか話しが乾《ひ》ません。僕は大概黙って聴手になっていましたが愉快でした。問題が焼物ですから結果の落ちつく処は大概定まっていて議論を繰り返して居る間にお互に諒解《りょうかい》し合うようでした。

中尾さんの説にす〔よ〕ると焼物の美は熱の美であるとか液体の美であるということがあるのです。例えば液体の美ということの説明をすると釉薬が加熱に依って液体となった面とその液体に溶解しているイオンの色とから来る美しさであるという意らしいです。尤も焼物を科学的に説明しようとしても形と線とは今の処《ところ》面倒でしょうから、勢い釉薬

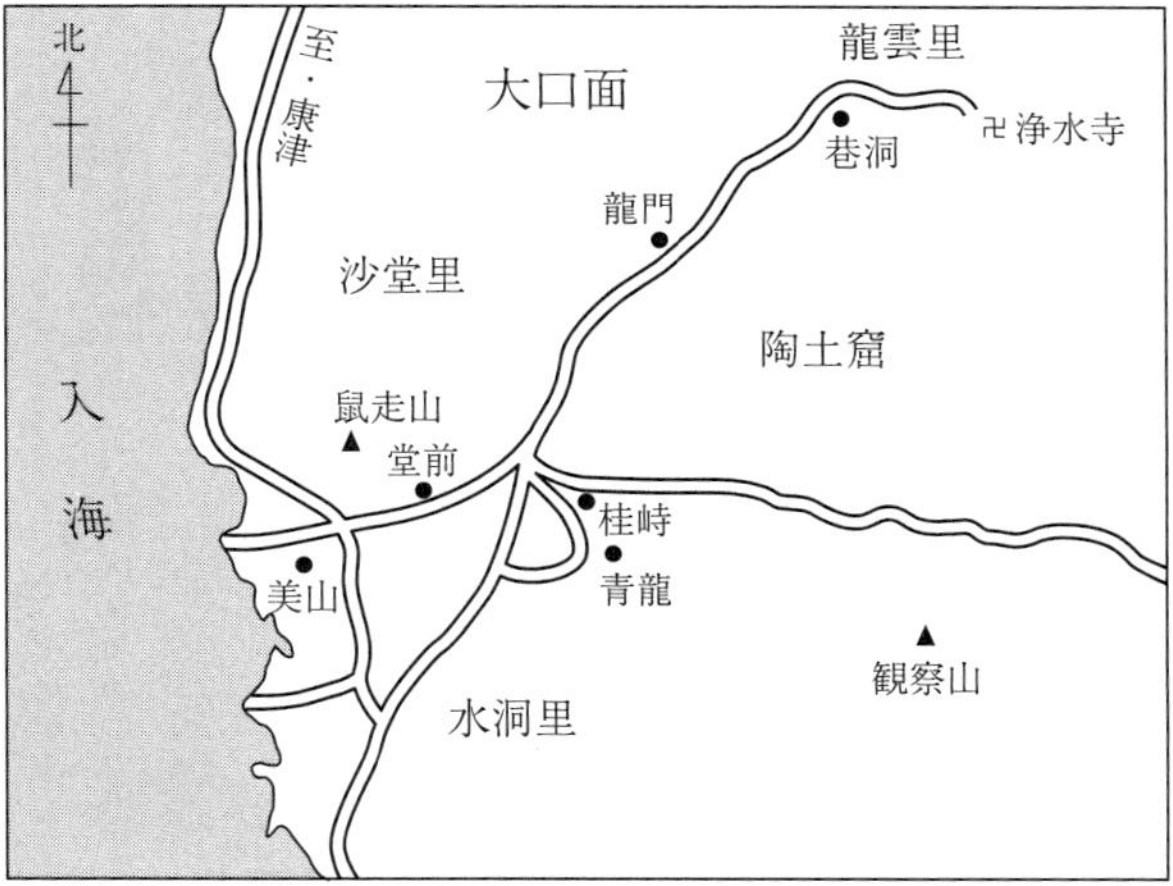

康津窯跡図（作成者・高崎）

の色に入って来る外ないのでしょうが、釉薬だけを説明するのにはこの説は適当な一つの見方と言えましょう。例えば青磁の色は鉄イオンの溶液の色〔、〕辰砂《しんしゃ》は銅イオ〔ン〕の溶液の色という風に考えるのだろうと思います。またその説によると天目《てんもく》、蕎麦《そば》〔、〕柿〔、〕飴《あめ》なども鉄の溶液の結晶状態の相違ということになるそうです。これらは科学的試験や実験から得た説ですから釉薬を説明するためには一つの適切ないい現わし方と思います。吾々は何時《いつ》も釉薬の色は身に着せた衣であると考えますから形を離れて焼物の美を考えることが出来ませんが、学者や、実地家の説には真である点において傾聴すべき値があります。その他面白い実際及《およ》び科学的の説を多く聞きました。

一月四日。今度の旅行の主要な目的地堂前を見る時は来ました。

堂前里は田となく畑となく宅地となく青磁の破片で蔽《おお》われているといいたい沢山の破片です。吾々も初めは簡単な模様のものでも珍しがりましたが、余り多いので標準は段々高くなり、また窯跡も明かに区別しようとしましたが余り数が多いのと、場所によってはかえって区別する方が無理な処が出来るので窯跡の団地に依って区別することにしました。そのうちに村の子供らが集まって来たので一個一銭とか二銭とか優秀なのは、五銭とか十銭とかいう相場を作って各自買収しました。麦畑に烏《からす》の子が集まったように子供らが集まって漁《あさ》りました。その日は午の食事の時間も惜しいほどに努力しましたが堂前里と美山里だけしか見ることが出来ませんでした。

今日拾った破片について大体の説明をして置きます。

美山(眉山または尾山)の南麓にある約十箇所の窯は余りに接近しているのがあるのと、そこが今は畑になっているので破片が混同していて窯別に区別することは無理です。青磁としては概して下手物《げてもの》に属し蒲柳《ほりゅう》〔、〕水禽《すいきん》や雲鶴《うんかく》や菊花の象嵌《ぞうがん》模様が普通ですが、大分力が抜けて居ます、全体の形もだれて居るし釉薬の色も上《あが》りも冴えたのが稀です。高台には砂つきが汚くてかつ影が薄いという感じです。

次に美山と堂前里の部落との間に鼠走山という山があります。その山の周囲に四、五箇処の窯跡が想像されます。その附近から得た破片は美山のものと手法は殆んど同様でありながら、模様及《および》形に表われている線が明瞭で力があり、釉薬の色も艶《つや》も佳し模様の種類も豊富です。美山の窯に掲げた模様の外鳳凰《ほうおう》、魚、蓮弁、柘榴《ざくろ》、文字、雷紋、霊《れい》芝《し》〔、〕雲〔、〕唐草などが黒と白を適当に使い分けした象嵌で描かれて居ます。その外この附近には大形の瓮や瓶や彫刻された盒壇《ごうだん》や香炉〔、〕陶枕《とうちん》の類と想像出来る破片もあります。以上は青磁ですが地を天目薬にして唐草を線刻しそこに白絵土を象嵌したものもありました。ともかくこれまで開城〔、〕江華島辺から発掘された高麗焼の一流品に属するものは、先ずここで燔かれたといって誤りないでしょう。『高麗図経』で徐兢が制作工巧色沢尤佳(17)と称揚した瓜形の酒尊《しゅそん》〔酒樽〕も狻猊出香亦翡色(18)と記した蹲獣《そんじゅう》の陶炉もそれに該当する破片を今拾うことが出来るのです。

それから堂前里の中央の部落に二箇所の窯跡があります。そこでは色の佳い無紋の青磁と薄手に毛彫または型を用いて薄肉彫刻をした茶碗や皿、盃《さかずき》の類が多く目につきました。人家に接した路傍の畑を掘り返しますと薄手で姿のすっきりしたものが沢山出ます。それらは高台にも釉薬がかかって小さい石英《せきえい》の粒で支えて燔かれています。内面の底に溜った釉薬を見るとあの繊細な毛彫の線を見せるために択《えら》まれただけあって玻璃《はり》質で透明です、模様の種類は鳳凰、花紋、魚などが多く、色には緑や黄を帯んだものもありました。

堂前里の部落の北方にある三ケ処の窯跡を一括していいますと、美山のものの如くに形は崩れていないのと、概して無地のものが多いようでした。

終りに堂前里部落の前面田圃中に二箇所ある窯跡のことをいうと模様のもの少なくまたあっても簡単で青磁の色は一番まずく上っています。

以上はこの日に見た分の概評ですがいい漏したことは明日の分に書きましょう。

その夜はまた面事務所の温突で話に花が咲きました。話題はこの辺に理想郷を創設し昔のようの窯業《ようぎょう》を興すということから産業、教育などまで理想的に計画しようというのでそれにはそれからそれへ枝葉がついて夢のように拡がりました。

窯跡めぐり〔の旅〕を終えて (2)

一月五日。風が吹いて寒い日でした。小森さんは持病の喘息《ぜんそく》に患《なや》まされて出られなくなりました。尤《もっと》も郡から来た金さんは一緒に行って色々世話をしてくれました。

朝出掛けに寄ったのは水洞里尹氏同族講中の斎室(1)です。古風の楼屋ですが実に美しい姿でした。中尾さん〔は〕昨日も見たのですが気に入ったから写生したいというので寄ったのです。村を抜けると直《す》ぐ田の中に窯跡があり昨日の子供らは既にそこに待ち構えていました、そこには余り良いものはなく先《ま》ず昨日の美山里位の品です。次に行ったのが青龍の村です。そこにある窯跡は李王家の調査図にもありませんが古い佳《よ》い窯だったと思います。鞆の破片の多い割合に焼物の破片は少ないが青の色も上《あが》りもよくて毛彫《けぼり》の鳳《ほう》凰《おう》等あるものもありました。但《ただ》し象嵌《ぞうがん》ものはありませんでした。

観察山の脈続き鷹山の麓《ふもと》に来ますとそこに畑の中、田の畦畔《けいはん》、木立の間到る処に窯跡を認めます、精細に調べたら十箇所以上になることを〔と〕思います。ここには無地の青碌〔青磁〕から毛彫薄肉《うすにく》、丸彫象嵌など多種を見ますが象嵌以外のものに優品があり鼠走山の附近のものに匹敵するものも少なくありません。

そこを済《すま》して地勢を案じ向い側の山麓に開かれている一帯の畑地は窯跡のあるべき地と見込をつけ行って見ることに相談が出来ました。

何時《いつ》の間にかまた男女の子供らは群がって随《つ》き廻りました。行って見ると山麓七、八町の間一面の窯跡です。李王家の調査に洩《も》れたのは多分当時畑に作物が茂っていたためかと思います。ここも鷹山麓と殆《ほと》んど同様のものが焼かれてあります。破片を拾いつつ桂峙の部落に出ました。

部落に入ると今まで吾々の様子を見て居た男が自分の家に古物があるから買わないかというので行って見ました。示されたものは下らない壺とも瓶《びん》とも名のつけようない瓦器でしたが、それが緒《ちょ》でその男の家の厨房《ちゅうぼう》を見せてもらい現在使用している茶碗で味の佳いのを譲り受ける相談をした処それからその男の仲介で村中を殆んど戸別訪問して茶碗を見ました。中尾さんの求めた茶碗には佳いのがありました。内に五徳《ごとく》跡のある井戸系統のものです。他人の勝手を探して居て悪口を言うようですが各戸とも食器の貧弱なのに驚きました。茶碗が食口の数にも足りない家もあります。尤も器に充すものすら乏しいのかも知れませんがこの美しい青磁の破片の中に住み畑に出ればこの破片を耕し道を行けばこの破片を踏むといったほど見せつけられて居ながら何故かかる品を使用して見たいとか進んでは製作して見たいという希望が湧かないのだろうと思ったりしました。

以上の外《ほか》大口面にはまだ龍門里方向に窯があるはずですが最早《もはや》時がありません。それに見ても大同小異かと思いますので最後に再び堂万里〔堂前里〕に立寄って宿に戻りました。

実に大口面の地は全面青磁を以て蔽《おお》わるといいたいほどに沢山の破片です。これを集めて標本に売るなり模様の佳い処をとって帯止《おびど》めやカフス釦《ボタン》を拵《こしら》えても少しはこの者〔ママ〕の人達の生活を豊かにすることが出来ると思いました。また思います。この世界的な高麗《こうらい》の窯跡地を組織立った調査をして公にし保存すべき部分は保存しなくてはならぬ、と。

ついでに窯の時代に関する思いつきを記して置きます。これは無論確実な証拠を上げていうのでありませんから仮定位に考えてもらえば沢山です。

『高麗図経』によると陶尊色之青者麗人謂之翡色近年已来制作工巧云々(2)とある。徐兢の高麗に来たのは『高麗図経』の書かれた前の年宣和〔宣和〕五年西紀千百二十三年です。堂前里の佳い方の窯は先ずその頃のものと考えて置きましょう。宋の人が此物《この》最《もっとも》精絶などと賞讃するからには少なくもあの位の出来でなければならぬという気もします。ともかく高麗青磁が初め宋に倣《なら》ったものであることは誰も異存はありますまい。皆窃倣定器制度(3)とかまた則越州古秘色汝州新窯器大槩相類(4)とかいうことも当っている見方でしょう。ところでその精絶の品が出来るようになったのは宋から習ってから後永い経験を経て漸《ようや》くその域に達したのか習って間もない時かというと僕は思うに習って割合に日の浅いうち、年の余り経過しない時のことと思います。いえるならば宋から傭《やと》って来た師匠のまだ居る間位にもいいたいのです。尤も最初から心通のものが作られるはずはありませんが段々材料に対する手加減を会得していわゆる精絶の域に進んだものと考え、畢《つま》り精絶のものを初期に多く産したといわんとするのです、後期は概して形も崩れ模様もだれて来たという気がします。

一説には官の御用窯と一般庶民向きのものと別々の窯で燻〔燔《や》〕いたのだというように考え同時代に各窯煙《けむり》を立て天も焦《こ》げんばかりの盛況だったろうと考える者もあります。それは相違ありますまい、焼物のための都市を形成したでしょうけれども、窯の数は五、六窯から盛んの時でも十窯を越えなかったかと想像するのです。同じ時代でも大形のものとか繊細のものとか彫刻もの、象嵌もの等専門専門で別窯にするとか窯のうちでも入れる部分を変えるとかいうことはあったでしょう。上品下品の区別もあったでしょう。けれどもあの美山附近のもののような作は同時代と思うように行きません。品物だけ見て直ぐ衰頽期の作という気がします。殊にその頃にはこの附近の燃料も乏しくなって海運に従って他から供給を受けたことも想像出来ます。その場合は運搬距離の最《もっと》も少ない海岸の美山や水洞里に窯を並べたとも考えられましょう。

次に無地や毛彫のものより象嵌のものは後世だといいたいのです。それは窯の配置並《ならびに》破片の持つ線などから考えたのです。また象嵌模様のものには底の内面中央に文字を黒で書いたものがあります。中尾さんはこの文字を集めることに特に熱中していました。集まった種類は已己〔己巳〕、癸酉、甲戍〔甲戌〕、壬午、丁亥、内、などです。この文字から時代を考察しますと先ず内の字ですがこれはそれを使用する官署の頭字と見ることが出来ましょう、それは三島手《みしまで》にはよくある例ですが内の字のつく高麗時代の官署というと内府寺〔、〕内府監、内園署、内侍府位のものです。その内侍府は末期になって恭愍王の時設けられたもの内園署は諸園苑を掌《つかさど》る処であるから器物の備付も用がないでしょう。そうなると内府寺と内府監になりますが『文献備考』によると内府寺は文宗の時大府寺という名で置かれ財貨稟蔵《りんぞう》を掌った処〔、〕忠烈王の時に外府寺、大府寺、内府司、内府寺等に改められ、内府監は太祖の時に物蔵省が工技宝蔵を掌る処として置かれたものが光宗の時宝泉となり後《のち》少府監と改まり忠烈王に至って内府監と改称しまた繕工司と併《あわ》せたとしてあります。特にこの内府監の名は短かくて次の代の忠宣王は少府寺と改めその後も数次の改称があったが内の字は用いて居らず恭譲王に至って廃庁して仕事を内府寺に移しています。以上を綜合しますと内司寺〔内府寺、〕内府監はいずれも忠烈王の時に置かれその掌る処の仕事も器物に関係あり焼物に文字を入れるということも推定に苦しまないと思います。内の字はその位にして忠烈王は西紀千二百七十五〔千二百七十四〕年から千三百八年までの間であることを附記して置きます。

次に六甲[5]によると前記の種類を短く並べ巳巳〔己巳〕から丁亥まで十八年間になりますがこの期間を循環する六甲の年代に嵌《は》め込んで見ますと西紀千百四十九年から千百六十七年の間か、千二百六十九年から千二百八十七年の間か、また千三百二十九年から千三百四十七年の間かの三時代になります。処〔で〕初め〔の〕期間は徐兢の精絶、尤佳などと賞めた頃に近いのでそれにしては作が余り出来がよくないのです。また最後の期間としますと障りがあります。それは十三世〔紀〕の始めに倭寇《わこう》頻々として南海を襲った記事は歴史に明かで隣接地懐州牧(今の長興古邑)の如き倭寇に荒らされて邑を移転したことになっています。今ここでこの事を考えるとかかる事変の場合如何にしてこの窯場が安呑に煙を立て続けることが出来たと思えましょう。またその頃の倭寇がこの窯場をどうしてそのまま置きましょう。以上の如くでありますから巳巳〔己巳〕を千二百六十九年に丁亥を千二百八十七年にあてたいのです。

また十二世紀の初めには元の襲来が繁《しげ》く〔、〕ために高麗は難を避けて都を江華島に移し千二百三十二年から千二百七十年まで三十八年間そこに都したとしてありますが江華島から発掘される高麗焼に符合する破片はここの窯跡に豊富であることも有力の証拠かと思います。結局、大口面の高麗窯は十二、十三世紀の二百年間ということに結論しましょう。

一月六日。最初の予定に従うと今日は美山から船に乗って康津へ引き返す日です。ところが吾々の連日の収穫は先き先きと慾望《よくぼう》を募らせるばかりです。勝利を誇る勇士のように征服慾が燃えて居ます。昨日の夕方になって更に長興へ行くことに一決したのです。三日に砂邱〔沙邱〕で遇《あ》った長興の男の言も吾々を長興へ誘う導火線になっていました。

昨夜荷作りした破片の荷物は今日ここから帰る小森さんに托し道や郡の方々にもここから戻ってもらい昨日の三人だけになりここの面長の案内で朝起きると直ぐ朝食もとら

ず出掛けました。昨日歩いた鷹山の麓を通り観察山の鞍部《あんぶ》を越え峠で弁当を食べました。

長興郡はこの半島の背骨を界《さかい》にして東側になっ〔て〕いて長興湾が目の下に見えます。案内というても面長はただ道路を心得ているだけですから窯跡はまた地名と地形に依って探す外ありません。道を行きながら四方を眺めるとそれらしい処もありますが一々行って見ることも出来ずただ指すだけで峠を下りてしまいました。

途中で遇った男の話によって山亭里の峠の酒幕の附近で去年の夏の旱魃《かんばつ》に灌漑《かんがい》用の井戸を掘ったところが焼物の破片が多く出《い》でとうとう掘り得なかったということを知りました。そこで吾々の行く先きは定まりました。山亭里の酒幕を目当《めあて》に途中も探しながら進むという要領です。吾々は山麓や田圃《たんぼ》に散りました。間もなく家兄は一窯を発見しました。場所は旦内里の北西山麓です。青磁としては最下手物です。殆んど全部無地ですが一つ線彫の鳳凰を見ました。それから平村の前を通り村の東へ岡の根を廻った時にそこにも青磁の窯跡を見ました。そこのものは冴えた色を有《も》って居ましたが土地が重粘土で思うように掘ることが出来ませんでした。その間に面長が走り廻って話の井戸を探し当てました。話の通り沢山の破片で井戸も掘りかけて止《や》めてありました。無地の青磁で歪《ゆがみ》やくっつきによる屑が随分沢山でした。

それから蓮池里の麦畑で無地の三島手の上りの美しい破片を幾つも見、それの窯跡を探そうと少し尋ねて見ましたが目的を達しませんでした。

山洞里の村端の凹地《くぼち》で食事をしました。捨ててある木片枯枝を集めて火を焚き石を焼いてその上で餅《もち》を焙《あぶ》るという企てをしましたがそれは駄目でした。乞食の巣でも見る気で集った子供らを使い薪や海苔《のり》や塩を買い薬缶《やかん》や網金や敷藁《しきわら》を借りさせて各自、自ら手を下していまだかつて誰も試みたことのないような奇妙な調理をしました。尤もこれに似た食事の式は殆んど毎日ですが野っ原でしたのは今日だけです。冬の日に海苔の採れる南鮮⁽⁶⁾の海を眺めながら日溜《ひだまり》で食事をするなんて京城辺では思いもよらない興趣です。そこを出てからは山底里で寺跡を見ただけで道を急ぎましたが竹川里に着いた時は暗くなっていました〔。〕道を歩きながら感じたことはこの附近の住家が有福《ゆうふく》らしく村落全体も何処《どこ》となく整って見えたことです。戸ごとに竹藪《たけやぶ》を背負い宅地は広く柿や椿《つばき》が多く山は黒く茂っている様《さま》丁度我孫子《あびこ》辺の光景です。海も入江になってその上島が多いので波も立たず湖を見る感じです。

夜面長が来たので村の美しいことを語り何かの影響に依るかを質《ただ》しますと、李朝英宗〔英祖〕の朝《ちょう》魏伯珪という学者を出したこと面長はその裔であることを話して居ました。

この辺茶を座するので利用の方法を問うと二銭銅貨大に固めて乾し中央に孔《あな》を明けて縄を通して貯え、呑む時は焙《あぶ》って湯を注ぐことの説明を得ましたので、現物を所望し一服試みました。番茶の如き風味があります。

一月七日。朝面長が魏先生の著書を携えて来て見せました。『寰瀛誌』と題し天文、地理、歴史から博物等昔の百科全書とも称すべきものです。地図や表が多く入っています。その先生のいわゆる茶山精舎という家を後から見に行くことにして先ず朝飯前で〔に〕堂洞の石仏を見に行きました。石仏は昔の寺跡らしい処にあり別段特記するほどのものでもありませんでしたが堂洞の村は素敵でした。周囲の山、村の地形、清い豊かな流れ、趣きのある家、総《すべ》て揃って居ます。朝鮮には珍しい村落の良き形だと思い小田内(7)さんに逢《あ》ったら知らせること〔を〕忘れないつもりです。その村の男の案内で附近の窯跡を見ることになり山越《やまごえ》して沙器谷という所へ行って来ました。鼠色した堅手の白磁で高台に五徳跡のあるものでした。

吾々は沙邱で遇った男を面長に探してもらったが逢えませんでした。

魏先生の村は傍村里というて吾々が昨日来る途中に感心した村でした。

途中面長の談に依るとこの傍村里が高麗時代懐州牧のあった処〔、〕今古邑面というのもそのためだということでした。『文献備考』に依ると元宗陸懐州忠宣王後復改今名（長興府）後因倭寇空其地僑居内地(8)とあり面長の話に符合します。また面長の話に依り魏氏は原《もと》は支那から帰化しこの地を与えられたものだということも知りました。思うに倭寇のために荒されて廃墟となった地を領して村を建てたものでしょう。俗称士子洞という名のついた畑で沢山青磁の破片を拾いました。ここは懐州牧から忠宣王時代の儒生の屋敷か何かであったでしょう。そして破片はその時代に使用した器物だったと想像も出来ます。

魏先生の家というのは入口の道がだらだらの上り坂で、前面に石垣のある二段になった庭には柏槙《まき》椿柘榴《ざくろ》などが植えられ屋後に竹藪あり庭前には太湖石など置かれ〔、〕家は古風で楼の如く一段高く地盛して建てられそれは客室らしく〔、〕内房は別に奥に小門があって出入して居ます。ともかく京城附近では普通に見ない様式の家です。

それから引き返して、竹川里の面事務所を出発したのは午後二時過ぎでした。長興まで約四里ですが、その間で沙店の窯跡と中沙里の附近の畑で破片を漁《あさ》りました。中沙里の畑には随分沢山ありそれが刷毛目《はけめ》と無地の三島手でかなり味の佳いものでした。道を行く人の話しでは附近に窯跡らしいものもあるということでしたが晩《おそ》くなるので見ませんでした。沙店の方は十五年前まで燔《や》いていたという厚手の白磁です。窯がそのまま二つ並んで残って居て修繕でもしたらまだ使用に堪えるかと思うばかりに完全です。しかし窯の上に草や木の生えて居る処を見ると廃《や》めてから年を経たことが判ります。生えている赤松の一本について年齢を調べますと十三年経っていました。

すっかり暮れてから二里位も歩いたでしょう。しかし月がよくて仕合せでした。

長興に着いて日本人の宿に泊り一週間振りでまた畳の上に寝ました。

一月八日。宿の主人が焼物を好きで集めていることを聞いた吾々は昨夜乞うて寝る前に見せてもらいました。いずれも高麗青磁で無地か簡単な毛彫でした。色はかなりに良く出来ていました。しかし大口面のどの窯にもない素地と線を有って居ます。むしろ山亭里のものは〔に〕似ていました。主人に質すとこの物は宝城、順天方面から発掘されるものとのことでした。見た焼物の種類は茶碗が最《もっとも》多く盃、水注《すいちゅう》、瓶、陶枕《とうちん》などでした。陶枕は極《ごく》簡単な形でしたが珍らしいものでかつこの手の優秀なものだと思いました。朝鮮胡瓜《きゅうり》を押し潰したようの形で横に小孔あり両側に線彫で簡単な花紋あり、色も艶《つや》も申分なしです。

朝立つ前に以上の品を再び出してもらい明《あか》るい処で見直しました。吾々は開城〔、〕江華島方面から出る青磁と類を異にする青磁の地方色をよく呑み込みました。

中尾さんのために道庁から廻してくれた自動車に便乗〔、〕栄山浦に向いました。長興の邑を出て間もない処に絵高麗の発掘された処があるというので立寄りましたが何物も見ませんでした。

次に兵営邑を見ました。ここは日本と併合になるまで師団のあった処ですが今その城跡は荒れて一部に普通学校(9)などが建てられてあります。そこにある焼物の破片も拾いました。白磁が多く三島手も稀《まれ》にあります。

物見だかく集まって来た子供らに破片を示してこんなものの沢山ある処をしらないかと問いました。子供らは向うの山の麓の川端の土手に沢山あると教えました。子供らに案内してもらってそこまで行って見てがっかりしました。土手に沢山あるというからてっきり窯跡と信じ込んで行ったのですが行って見るとそれはこの町に住んでいる狂人が集めたものでした。足の肉刺《まめ》を我慢して跛を引きながら行った中尾さんも口を開いたまま苦笑して戻りました。戻り途《みち》にその狂人に遇いました。髪をぼうぼうにした三十格好の男でした。

吾々は破片を拾って何のためにするかを問われることはしばしばですがその度ごとに

答に窮します。それは普通に説明しても解るはずはありません。子供が見て狂人の所作と区別のつかないのも無理ないことです。これは今度の旅行の最後の喜劇でしょう。

霊岩に越える峠の下り口で車を止め現在仕事をしている窯を見ました。窯は路傍の山腹に設けられ傾斜四十度もあろうかと思われるほどに急で扇状に先きが広がり前方の約三倍になっている部屋は六室になっています。冬中は休んで居るらしく上に苫《とま》が覆ってありました。陶工の小屋へ行き皆温突《オンドル》に休んでいるのを起して話を聞き、製品の売れ残りや厨房にある焼物から面白そうなものを択《えら》み出して買いました。ここで作るものは普通白磁ばかりですが自家用とか特に注文を受けるとコバルトの染付をするとのことで現在自家用中には花や鳥や寿福の字など染付けた器がありました。上手ではありませんが子供の自由画に見るようの味が出ています。焼物の形も旧時の伝統が多分に守られて居るのでいい処がありました。

栄山浦に着いたのは三時頃かと思います。

今度の旅行中色々便宜を与えてくれた道に対し謝意を表すために中尾さんはそこで別れて光州へ行き吾々兄弟きりになりました。

二人は宿について食事をし京城行の汽車の出るのを待ちました。

宿の女中に聞いてこの町の焼物好きの人を訪ねて蒐集品《しゅうしゅうひん》を見せてもらいました。やはりこの地方からも高麗青磁が発掘されるらしくその種類は画高麗や、雲鶴、毛彫、等の青磁などです。

汽車は六時頃栄山浦を出ました。連日の興奮に尖《とが》っている精神はなかなか落ち着かず眼をつぶると各種の破片や、破片の散《ちら》ばっている麦畑が目につきます。そしてなかなか眠りにつけませんでした。特に途中から列車のスティームが通らなくなったので眼はますます冴えました。

短時日の間に比較的多種多数の焼物を見たことや、京城を出る時雪や寒さのことで人から注意も受け心配もしていたのが何の苦もなく目的を達したことを思って密《ひそか》に悦《よろこ》びました。

僕はついでにここで旅行中に感じた焼物に関する所感を書いてこの手紙を結びたいと思います。

一、窯の全盛時代について。

吾々はよく三島手の全盛時代とか青磁の全盛時代とかいう語を用い他人からもよく聞

きます。しかしこれには質と量を考えなくてはならんと思います。無論良質のものを多量に産した時代が全盛時代になりますが良質の物を僅《わずか》に産した時代粗悪なものを多量に産した時代というような場合は特に焼物に多い現象と思います。美術品として考えるなら質のみで論ずることが当っているとしても窯業《ようぎょう》としてなら量をも考えなくてはならんと思うのです。高麗青磁にしても初期に注意して優品を産したがその数は乏しく僅かに宮廷や貴族の用に供したとのみ〔マゝ〕と仮定し後代には製法がみだれて粗悪なるものとなったが窯も各地に興り製品も普及するに到ったことを想像することは出来ます。この関係は三島手にも白磁にも染付にもまた各種のうちの手法別にも考えられます。

二、焼物の変遷と時代の傾向について。

作品が作者の心を物語ることは言を俟《ま》たないがまた時代の心を表わしていることも事実だと思います。特に日本と異って陶工が自分の個性を表わすことに努力する場合が少な〔か〕ったと思います。ただ時代の要求に従って製作したという気がします。時代の要求に依って生れたものはその形その他の総てがその時代と切り離すことの出来ない深い因縁に依っていることを深く思うのです。尤も要求に依って生れなくてもいやしくも生れ出《い》でたもの総てはこの関係を持っていることを思うことが出来ます。例えば焼物について青磁、三島手、李朝の白磁とこの三つをとって眺めますと、この三つは各《おのおの》異った三種の感じを吾々に与えます。それはそれが造られた時代の感じです。その時代の信仰、思想、政治、生活等を如実に語って居ます。手近い例を挙げるならばこの三種の焼物と一緒に埋められている匙《さじ》を考えて見ますとその形、その線に互に切っても切れない深い関係を思うのです。青磁、三島、白磁と各異なる如く匙にもその異った感じが出ている事は不思議〔な〕ほど明かな事実です。丁度地球の回転する速度と離れて地上に一物も存在しないようなもので例えば白磁の茶碗とその時代の匙が同じ時代の心で造られているように建築にも衣服にもあらゆるものに同じ心の働いて生れている事を思います。白い周衣の線と壺の胴〔、〕淡い緑色を帯んだ裳と青白の釉色《ゆうしょく》〔、〕どうしても別のものではありません。こんなことを考えつつ鶏龍山の窯を見ますと、殆んど直覚的にこんなことを思うのです。三島は仏教の盛《さかん》な時かまたは仏教の余炎で焼かれたもの白磁は仏教の熱が冷えて儒教の道に依って作られたのだと。あそこでは白磁も初《はじめ》から終りまでのものを見ることが出来ますが終りのものはやはり行き詰った感じがします。

また三島と白磁の窯は通例よく接近してありますが全く同じ場所で二種を焼いた形跡

も少なくありま〔せ〕ん。それらは過渡期の仕事だろうと思います。ついでに附記しますが三島には高麗青磁の象嵌から発達したものと瓦器に近い新羅《しらぎ》のもののような素地に白絵を使ったものがあると思います。後者は時代の要求に従って黒っぽい物が白くなろうとお化粧をしたのでしょう。

三、三島手文字について。

三島手に書かれて〔い〕る文字には、地方に〔の〕名を示すものと使った官署を記したものと作った年代を六甲で表わしたものとがあります。金海とか慶州とかいうのは地方の名で已巳〔己巳〕とか甲子とかあるものは年を記した例です。次に官署には内贍〔、〕内需、内資、礼賓、内府〔、〕長興津などを覚えています。ところでこの官署のことについて大口面の窯の処で少し書いたように高麗時代にあった役所は以上の内で礼賓寺と内府司（または寺）だけですから文字入のものに李朝のものが多いことと従って文字のないものでも同質のものが李朝のものであることを考えると高麗から李朝にかけての官制と文字について調べることが三島の時代を知る一つの方法と思います。

以上は今度の旅行中に見聞したことと思いついたことと ついでに調べたことを記憶を

呼び起すために日の順に書き連ねた覚え書きです。

一月九日。汽車が永登浦に来た頃夜が明けました〔。〕冠岳山も北漢山も真白に雪に包まれ漢江では氷上を牛車が薪を運んでいました。

無事帰宅その日は休養しました。

二月四日夜擱筆《かくひつ》

分院窯跡考

一　総説

日本において瀬戸物または唐津物《からつもの》という言葉が陶磁器の別名に用いられて居るように、朝鮮では分院器(1)または分院沙器の名が有名になっている。それは李朝《りちょう》時代の優秀なる陶磁器の多くがここから出されたからである。

高麗《こうらい》時代の康津窯にも類し支那に比しては規模は小さいが景徳鎮を模したものである。京城を距《へだ》る東方約十里広州郡南終面慶安川の漢江に注ぐ辺にある約三百戸の大村が分院最後の地であって今は分院里と呼ばれている。全く窯業のために出来た部落である。窯がこの地に移されたのは何時《いつ》の頃であるか判然しないが、先《ま》ず百余年前と考えられる。分院里の入口に立て並べられてある司饔院官善政碑のうち最も古いものが道光五年(2)のものである〔こと〕から考えてもほぼ見当がつく。

そこでこの分院窯が何処《どこ》から如何にして移って来たかを尋ね、その経過を明かにすることは最も興味ありかつ李朝陶磁器の変遷を知る上に極めて重要な問題である。南終面の南に隣《とな》る退村面から草月面にかけて多数の窯跡が散在して居る。以下記述するところによりこれら各窯と分院里にある窯との関係は明かになると思う。

一体分院(プンヲン)の名は普通に知られているにかかわらず文献に現われたものを知らない、『慵斎叢話』の見出しに分院と記してあるのは、後代に記入したものだとの説がある。事実そうらしい。

『大典通編』には燔院(プォンヲン)と記してあるが発音の似て居る関係で分の字を当てたものかまたは退村面から楊根郡の地内であった現在の場所に窯場を移した時につけられた名称かも知れない。ともかく李朝初期からあった名称でなく中葉以後に出来たものと思う。初めの頃は広州牧(あるいは広州鎮)の管轄に属し民業として経営して居る処へ司饔院から毎年役人を派遣して御用品を造らせていたものらしい。従って分院でなくて総括して単に広州と呼んで居たらしい。

創業の時代は今、明かにすることは出来ないが高麗時代にも窯はあったものと想像する。世宗の実録によると広州牧に磁器所四と陶器所三とあり。そのうち州東即ち広州牧の東に当る磁器所は伐乙川(上品)(、)所山、窯峴の三箇処である。而《しこう》して分院窯はこの伐乙川及《およ》び所山窯の伝統であることを今回の調査においてほぼ明瞭にすることが出来た。

分院の前身であるべきこの二つの窯の状況は『慵斎叢話』において窺うことが出来る〔。〕即ち「外方各道、多有造之者、惟高霊所造最精、然不若広州之尤為精也、毎歳遣司饔院官、分右左〔左右〕辺、各率画使、従春至秋、監造而輸精于御府録其功労、而等第之、優者賜物[3]」とある。また『東国輿地勝覧』を見ると広州鎮土産の条に、磁器(毎歳司饔院官率画員監造御用之器[4])とある。そこでここにいう尤為精とは如何なる物を指すかまた画員らはどんな画を描いたかという問題もこの調査において判然して来た。

五百年の永い年月において世にも盛衰あり、陶工の代を重ね、窯場は移り、作風は変った訳であるが、その間の消息は文献にも余り残って居ない。ただ窯跡に棄てられた破片だけが陶工らの書き残した最《もっとも》確実な史策である。

かくも長く続いたかつ光輝ある歴史を有する分院窯も今は経営難のために昨年[5]から業を罷《や》め、丘の中腹にあった見晴らしの良い仕事場も学校敷地に売られ、雄大な窯もまさに廃墟と化しつつある。

吾々が五年前ここを訪れた時も仕事はして居たものの作品は既に活気を失って居た。作品に終りの近づいているのを認め吾々は口を揃えて経営者に対し、その進むべき道を警告したのであったが、かくも早くかくなるとは思わなかった。

李朝陶磁器の代表作を生んだ、本窯に属する代々の陶工らの霊を如何にして慰むべきかを、今は知らないがかえって彼らの霊が吾々の挙に賛してか、吾々の調査を援《たす》け指導してくれたような気がして嬉しかった。

三里余の間に散在する窯跡を順次に見て行く時不思議にも予想する場所に窯跡があり、求めんとする種類の標本が発見されたり農夫は喜んで案内してくれ、子供らは破片を拾って手伝ってくれたりしたので宛然《えんぜん》本の頁を繰るように調べることが出来たことは何よりの感謝である。

二　窯跡の分布

踏査した窯跡は退村面だけでも三十箇処に及んでいるが更に隣村を加えたらどれだけあるか知れないと思う。踏査した範囲においても精査したら優に五十余の窯跡を見得る見込である。

分布の状況は大略次に示す図面の通りであって中央を貫く慶安川によって東西の二団地に別《わ》かれている。即ち一は道馬里を中心としてその附近に散在し、他は蘇美川（ソミケウル)の渓流に沿うて並列されている。分布区域は大部分が退村面であって一部草月面と南終面とに及んでいる。往時燔院のあったプオルマリ(坪村)は今の光東里であって西慶安川に臨みこれより船にて直に京城に向うべくまた東西両窯場の中央に位し(僅《わず》かの坂道もなくして)各窯に至ることが出来る。

次に本論に入る前に地理的実況と文献とが如何なる関係にあるかを説明して置きたい。先ず第一に慶安川は『東国輿地勝覧』によれば「小川、在州東三十里入渡迷津」(6)であって『文献備考』には「昭川、又名牛川、輿地勝覧作小川、在東二十七里」(7)とある。また『東国輿地図』にも昭川と書いてある。三十里は我が三里に当り州東は広州邑の東の意である。なお渡迷津は小川の漢江に注ぐ処であって今の牛川里である。どうしてかくも色々の名があるかというに、小川及《および》昭川は同じ音のショウから来たものでまたソーとも読んでいるから牛の訓読ソーを当てたものと想像する。現に牛川里の如きはウチョンリと呼ばずに普通はソネーと呼んで居る。次に樊川は俗にプオルレーと呼ばれるので、これを『世宗実録』にある磁器所の伐乙川(プオルウルネー)に当てることが出来る。事実樊川の部落及《および》樊川の流域には多数の窯跡があり牛山里と相対し、道馬里に続いて一団となっている。今、小川を界《さかい》として西方即ち樊川側を伐乙川とし、東方即ち牛山里側

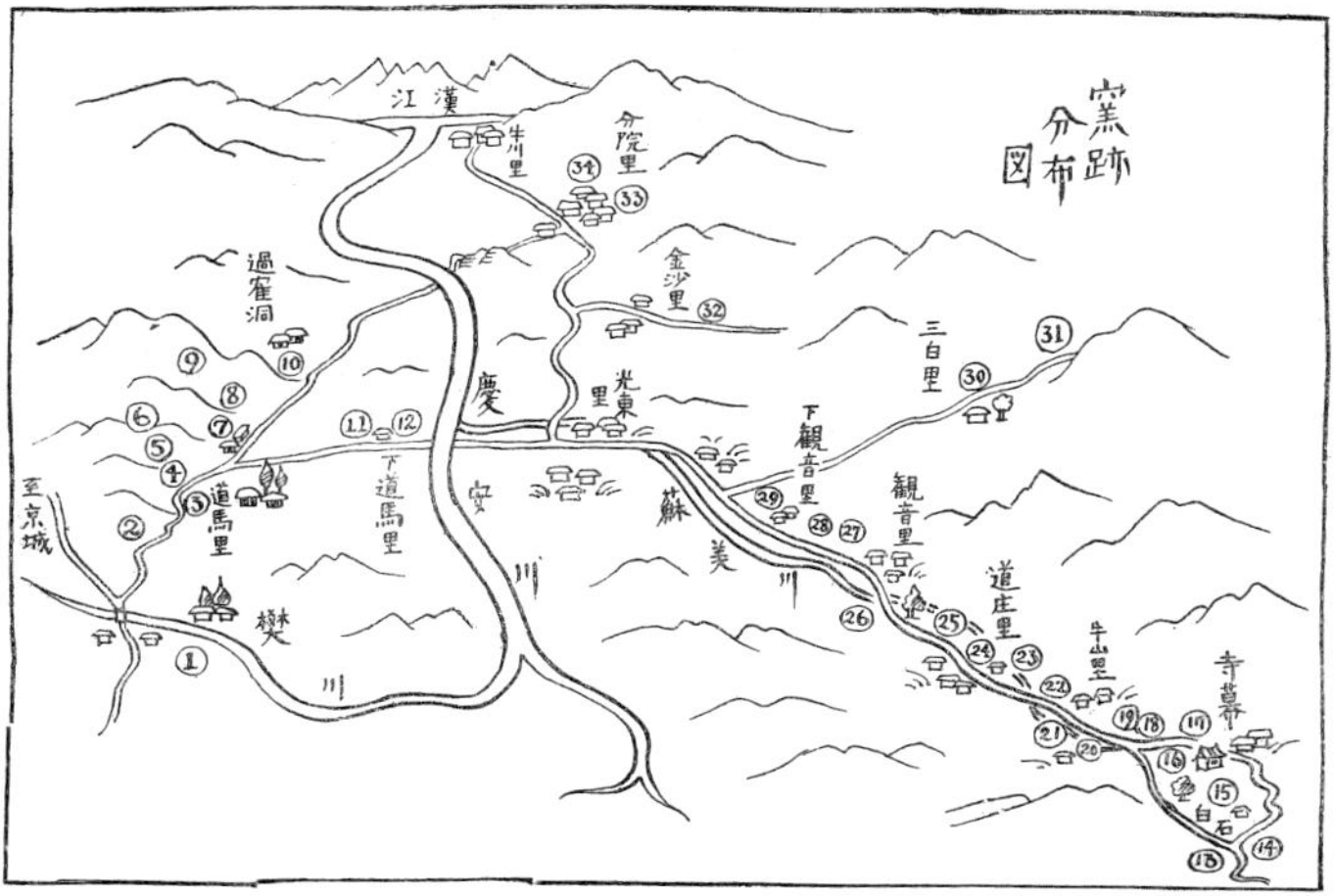
窯跡分布図
漢江
牛川里
分院里
金沙里
過雀洞
光東里
三白里
下観音里
観音里
道庄里
牛山里
寺幕
白石
下道馬里
道馬里
至京城

を所山に当てることは実地に照らして極めて自然であり、かつそこには肯定すべき材料もないではない。牛山里は一名蘇山(ソサン)である〔。〕牛山里の裏山に二基の墓碑があるがいずれも李朝初期のものでその碑文中には広州郡退村蘇山と誌《しる》してある。

蘇と所とは同音のソであるから所山とも書いた。そこでまた牛川の場合と同じに訓読の牛をソに用いた。尤《もっと》も古いことをいうならば牛が前か蘇が前か解らなくなるがともかく共通の音があって混用されたものといい得る。

牛山里に続く部落の道庄洞はトヂャンコルと読むので陶匠洞(トヂャンコル)と書くべきところが変ったものと思う。なぜなら陶匠洞と呼ばれた窯場は各地に尠《すく》なくない。磁器(または沙器)の出来る前は焼物は凡《すべ》て陶器であった。近代称《とな》えられる陶器磁器のような面倒な区別は別として「至如磁器、須用白土」(8)という風な区別で単に白い焼物を磁器と呼んだらしい。従って高麗青瓷《せいじ》も三島手《みしまで》も陶器に属した。故に古い名称の陶は必ずしも瓷器《じき》ばかりではなかった。あるいはまた陶匠洞の名は李朝以前からのものでそこには三島手の窯でもあって後に段々磁器を焼くようになったのかも知れない。尤もこの部落附近には三島手の破片が相当多く、また白磁の窯でも三島手が同時に焼かれていることは事実である。

なお道庄洞と対している道馬里(トマリ)は陶村(トマリ)と考えることも出来る。

以上の説が正しいとすると『世宗実録』の伐乙川と所山とは小川の東西にあり中央に司饔院官の駐在する燔院あり、左右の両窯場を陶匠洞、陶村と呼んだことになる。なお『慵斎叢話』に書かれてある「毎歳遣司饔院官、分左右辺」の左右の意味も自《おのずか》ら判明するように思うが、ことによったら樊川流域に更に大きな窯場があり道馬里はそれに属していたものとも想像出来る。なお不思議にも道庄洞附近の一窯より左字を刻した破片が多数発見された。これ思うに左方窯作品の標識を附したものであってかくして左右両窯は各《おのおの》その技倆《ぎりよう》を競い合ったものらしい。

前述の如く多数散在する窯は同じ時代に存在したものでないことはいうまでもない。五百年間にわたって改築したり移動したりしたことはしばしばであったに違いない。移動の原因は主として薪炭の供給関係であったらしい、左右両窯場とも附近の山を伐《き》り尽し地元よりの供給不能となるに及んで水運の便利な現在の分院里にまで下ったのである。現在分院里のある南終面は元楊根(郡)に属して居たが広州なる燔院の燔造所をおくことになって広州鎮に編入されたものである。分院の名はあるいは燔院の分院という意かも知れない。

三　各窯の特色

踏査した各窯について其処に捨てられてある陶磁器の破片を見るに各窯各様であって各《おのおの》その特異の点を見出すことが出来る。

（1）上樊川里の南東樊川の川辺にある。

いわゆる堅手《かたで》の白と名づけらるべき白磁であって焼くのに匣も用いられているが大方は重ね焼である。一般に高台《こうだい》は小さく砂附のものは内側まで釉薬《うわぐすり》がかかり五徳《ごとく》附《つき》のものは高台の内部だけ釉薬が拭《ぬぐ》われている。五徳跡(目跡)は普通四つあってやや大きい。

焼かれた器物の種類は皿、鉢、小形の壺などが最も多いようである。

（2）上樊川里の北方俗称祭谷(サンチェコル)の入口にある。

白磁の質はほぼ前窯に似て居るが高台やや大きく、轆轤《ろくろ》目《め》鮮かで内部に釉薬のかけてないものが多いことや稀には線刻して鉄砂《てつしゃ》を象嵌《ぞうがん》した唐草模様の鉢もある等の点が異なっている。匣の破片は殆んど見当らない。窯跡における匣の有無多少を以て直ちに匣の使用状況を判断することは出来ない。何故ならば窯の移転改築等の場合古き靭の破片は有用な材料となるから時に運搬し去られることがあるからである。五徳は三乃至《ないし》四が普通で高台の内側に附けられてあり、目跡は余り大きくない。

焼かれた器物は鉢、皿、碗、盃、及び各種の祭器等である。
(3) 道馬里の西南俗称長斫山(チャンヂャクサン)の東麓にある。長斫は割木の意であってこの山の麓には(2)窯を初め多数の古い窯跡がある点から考えこの地方における良き薪山であったと想像する。
焼かれたものの質、形等ほぼ(1)に似て居る。
(4) 道馬里の西方部落の入口にある。何箇処かの窯跡らしいものがあるが、判然したものが二つある。一体窯跡調査において最《もっとも》困難なのは同一地点に永年窯の存在した場合である。そこでは新らしい破片が順次に上層に堆積されるので窯跡そのものは古い歴史を持ちながら、拾われる破片は後代のものである。なお窯場の廃興あり改築ありて想像に苦しむ場合がある。また他窯の破片が混入する場合も往々あるのでそれらの点に留意し出来るだけ公平な態度で観察した。
窯跡には分厚な靭の破片が山積されてあるが磁器の破片は多くない。破片を見るにただ純白に近いというだけで味には乏しい。案ずるに特別の注意を払って焼いたために仕事の上の失敗が少なかったのだと思う。本窯において特記すべきことは高台の内部に天、地、玄、黄の文字が一字ずつ彫り付けられて居ることである。なおその文字の側に数字を刻したものもあった。随分多くの破片を漁《あさ》って見たが文字の種類は前記四字の外《ほか》見当らなかった。高台は概して低く貧弱な砂高台である。

器物の種類は皿、鉢が主であるが小形のもの即ち盃〔、〕小壺などにはすっきりした感じのものもみられる。また青瓷の花盆台の如きものも焼かれた形跡がある。

(5) 道馬里の北西俗にサキ(沙器)タンブルと呼ぶ処にあり普通の白磁であって(3)窯と大差ない。ただ靭の破片のみ多くて磁器の破片の少ないことは前窯に等しい。

(6) 前窯の北隣俗称トキーという処の畑中にある。前窯の如く靭を多く見ないが作品は大同小異である。

(7) 道馬里の北方ヤンヂンマリと呼ぶ処の畑中にあり相当盛《さかん》な窯場であったらしい。背後に山あり日当りよく位置もよろしい。近年まで住家もあったと農夫は告げた。

破片の大部分は堅手の白磁であって(2)窯に最《もっとも》似て居るが線彫唐草模様のものが随分多い。それらは高台が高く大きく内部に釉薬を欠き轆轤目が鮮かである。また薄手の白磁にも優れたものがあったと思われる。

（8）前窯の裏山を越えたタンベンクと呼ぶ沢の北側にあり白磁の窯で釉は殆どなく五徳跡の普通四つあるものでたいした特色もなく器物の種類に変ったものを見ない。

（9）前窯に隣《とな》って丘陵の鞍部《あんぶ》にある二つの大きな窯跡である。

白磁もあるが大部分は三島手である。模様は花または暦手《こよみで》に属するものが多い。釉を用いたために釉薬の上りもよく、重ね焼でないから目跡も印して居ない。高台は小さいが轆轤目がきいて居るから貧弱に思わない。高台の釉薬は削られたものが多く時にそのままのものもある。五徳は高台の内側に置かれ三つのものが多い。しかし稀に砂附のものもある。

器物の種類は主として鉢、皿、壺等である。

（10）前窯のある小山を越えて北進すると過鶴洞に出る。その部落の前方に展開する畑中にある窯跡であって仏品〔ママ〕は（8）窯位の程度のものである。

（11）（12）下道馬里の背後陵谷ヌンコルの入口の左右並《ならび》に村中にある窯跡であって前窯と大差を認めない。

（13）（14）（15）この三窯は退村面から実村面に越える峠の小部落白石（ペクソク）の附近にあるものでいずれも大同小異である。

釉薬からいうと青瓷あり白磁ありその各《おのおの》に鉄砂の唐草模様が線彫されてある。勿論無地のものもある。紋様の種類は蓮花、魚、草、木実、唐草等でいずれも鮮かである。而《しこう》してこれらの紋様は鉢または壺の外面に鉢巻の線と共に彫されて〔い〕るのが普通で稀に鉢の内側に描かれたものもある。高台は概して高く大きく内部に釉薬がなくどっしりした感じがある。五徳の脚は四つで目跡は余り大きくない。なおこの窯のものは一般に姿も正しく美しい。鉢についていえば胴の中ほどは丸く張り口が幾分反《そ》り気味に開いていて内面の底に月輪の如く一段低めて平らな部分がある。壺は胴膨《ふく》れていわゆる算盤《そろばん》玉の如く首は短かく口は締り縁の先端は反りかえって開いている。いずれも高台がどっしりしているので据《すわ》りが良い。

器物の種類は鉢、碗、皿、壺、花瓶、盒《ごう》を初め各種の祭器にわたりあらゆるものがあるようである。

なお終りに本窯における青瓷は白磁同様な白い素地であるから日本の鍋島《なべしま》青瓷の如く明るい感じがする。それから淡色になると青白に近い色から青白やいわゆる月白や雪白までの各色が見られる。

(16)(17) 白石の裏山を越えると寺幕(チョルマク)と呼ぶ小村がある。往時寺があったという。寺の跡も残っているが現在の村そのものも僧侶の住家らしい感がする。

その部落の横に二つと西に隣る沢に一つの窯跡がある。

磁器の種類は青瓷、三島手、白磁等であるが質のすぐれたものは見当らなかった。青瓷及《および》白磁の大形の鉢や壺の破片があることと白磁の碗や皿の中面〔内面〕底に「内用」の極印《ごくいん》を捺《お》したものを多く見たことを特記して置く。なお目跡は四乃至《ないし》五個ある。

(18)(19)　前窯寺幕のある沢の出口にある。
両窯とも線彫模様のものが多いこと及《および》(18)には司字の極印を内面の底に捺したもののある点が本窯の特色であって釉色は青瓷もあるが多くは灰色がかった白で純白のものは少ない。五徳跡は四つで重ね焼が多い。但《ただ》し鞘も相当用いられて居る。なお字体は判然しないが達筆に太殿〔大殿〕と記したものもある。紋様の種類に至っては多種多様であることとむしろ白石の窯以上である。

文字の彫してある器には紋様は施してなく姿も単純である。この関係は(16)の「内用」字のものも同様である。高台等概して白石のものに似ている。

器物の種類も白石同様多種多様である。

(20)(21) 牛山里　即《すなわち》　蘇山下にある多数の窯跡群である。

多くは白磁であって青白のもの雪白のものの美しいのも少なくない。薄手で高麗白にも近いすっきりした作もある。瓜形に線を付けた碗の破片もあった。なお特に興味を引いたものは呉州《ごす》の染付を施したものである。薄手の白に冴えたいわゆる回青《かいせい》(9)を以って唐草、山水などを染付けたもので、もしこれが窯跡以外な場所にあり歪《ゆがみ》もなく窯の垂れなども附着して居なかったら、誰もが朝鮮産の磁器と認めないほど明《みん》風のものである。これこそ『慵斎叢話』に記されたる「至世宗〔世祖〕朝、雑用彩磁、求回回青於中国、画樽罍盃觴、与中国無異」(10)の実物であると信ずる。蘇山は前にも述べたように所山であって世宗の実録にも、明記されたる窯場であるからこれら染付のあるのは当然である。かくも分院窯跡中主要な場所であるだけにその規模は大きい。

器物の種類は殆どあらゆるものが作り出されたものと想像される。前の各窯に記したものの外《ほか》火鉢や将棋《しょうぎ》の駒などまでがある。

(22) 牛山里と道庄洞の中間にあり。

単なる白磁のみで(1)及(3)等と大差ない。

（23）内道庄洞の沢の岐《わか》れ目にあり三島手、青瓷、及《およ》び上等の白磁等あり稀《まれ》に三島手の紋様を施した白磁もある。白磁には高台の内面に例の天、地、玄、黄、の文字を刻したものがある。なお青瓷には大形の花瓶らしいものが焼かれている。今は窯跡全面が水田になっているため思うように漁ることが出来なかった点は遺憾である。

（24）道庄洞の村中にありほぼ(22)と同様。

（25）窯跡数ケ処の集団であって俗に里門内と呼ぶ処である。

道庄里の部落に近い方の一窯には左、別、別々等の文字を刻した破片が多く全部が白磁で純白に近い。その他の窯はやや灰色を帯んだ白でいわゆる堅手白の代表的のものが多い。釉の表面に潤いがなく、鉢の胴は下部にやや丸味をもち内面の底に月の輪があり高台は小形で下部やや細く付根より縁が薄くなっている。皿などになると縁に美しい反りの線を持っていてうてばキンキンと響き、薄手で形も正しく何となく清浄な感じはするが、同時に冷たい感じを多分に持っている。稀に鉄砂模様の描かれたものもある。

（26）里門外にあり里名は道庄洞に属する。

ここには青瓷を稀に見ることと白磁の色が前窯ほど冷《ひやや》かでなく青白のものが多い

点において前窯と僅かに異なって居る。

(27)(28) 観音里と下観音里との間、山麓の畑や住家の裏にある数窯である。作られたものは以上各窯の何《いずれ》にも劣った粗雑な白磁である。色は灰白。高台は小さく砂付で重ね焼であるから多く記すまでもない。

(29) 下観音里の最後の窯である。

前窯に優って質の良い白磁に鉄砂で肉太に甲字を記した破片を多く見る。薄手のものや大形のものも焼かれたらしい。高台は美しくはないが叮嚀《ていねい》に出来ていて全面釉薬がかかって居るものが多く、殆ど全部靭が用いられたらしい。

焼かれた器物は鉢、皿、碗、壺、盃、等であったと思う。

(30)(31) 観音里から約半里北東に野路を辿れば三白里と呼ぶ小部落がある。その附近にある窯跡で磁器の種類は三島手と白磁とである。三島手は黒ずんだ地に簡単な花や渦の模様が多く高台の内部に二、三条の篦痕《へらあと》が刻まれてあるものが普通である。白磁は(3)窯と大差ない。

(32) 金沙里の北東傾斜せる畑中にある大窯跡である。李朝磁器の世上最《もっとも》普通なる染付の古い分は本窯の産である。松竹梅、山水、菊、牡丹《ぼたん》、八卦《はっけ》等の染付ある破片はここで見られる。また乾隆《けんりゅう》代(11)の染付の写しもある。しかし染付は〔の〕あるものに比し白磁無地のものはその数において遥かに多いことはいうまでもない。白磁の鉢や祭器の高台を多角形に削ったものもここで作られてある。高台の内面にも釉薬がかかって居て足先だけに砂がついている。

焼かれた器物の種類は多種多様で殆んど全般にわたっている。

(33)(34) 分院里に在り。

白磁の無地と染付ものとがある。

染付の古い処は呉州であるが、近世のものはコバルトで模様も随分粗末になって来ている。前窯にある各種模様の外《ほか》寿福等の文字や金網模様や瑠璃釉《るりぐすり》に線彫したもの等のものまで試みられている。なお形態の変ったものになると、型を用いた魚形やこまいぬの水滴、透彫《すかしぼり》の筆筒〔、〕角形の油壺等に至るまでここで作られている。その他総《す》べての食器、祭器、文房具等磁器を応用し得る範囲内において種々雑多のものを産している。

四　変遷

以上記述した通《とおり》の事実について分院窯の現状にまで立ち至った経路や作品変遷の次第に関し自由な想像を加えた考察を試みることにした。

説明上の便宜から踏査した窯跡中最も古い窯の一として白石にある(14)の窯跡を挙げ、それから次第に時代を追って変遷の経路を辿ることにする。

頃は李朝の初期である。当時寺幕には寺院があった。寺の名は詳《つまびら》かでないが、礎石などから察して相当な寺であったと思われる。寺幕の部落は僧侶の住家として生れた。斥仏興儒の運動のために僧侶は生活に窮して来た。そこで従来自家用のため製作して居った木器、瓦器、陶器の類を売って生活上の資を得る途を開いた。白石はその時代の窯である。あの線彫して鉄砂を施した唐草や蓮花の模様は誰が見ても僧侶の手になるものとしか思われない。尤も既にその頃から御用窯が置かれ僧侶は職工として働いたのかも知れない。その頃の組織に関しては知る由もないがともかく僧侶は関係して居たものと想像して無理でないと思う。

次に窯は(16)乃至(19)に移された。移転の原因は主に薪材供給の便利に従ったものと想像する。そこでは明かに御用品を焼いている。即ち「内用」とか「司」とか「大殿」とかいう文字のある破片が有力の証拠である。そのうち「内用」は内贍寺用の意ではなかろうか。内贍寺は太宗の三年に徳泉庫を改めて附した名称であってその分掌は「掌諸宮殿供上二品以上酒及倭野人供饋織造等事」(12)としてある。江華島から発掘される三島手の鉢に「内贍」の極印あるものがままあるがそれと同様内贍寺所用の器物として焼かれたものと思われる。しかしもしそれが内贍寺のものでなく内資寺のものであったとしても内資寺は前同様太宗三年義成庫を改名して出来た官署であるから時代には変りがない。次に「司」の字であるがこれは後の関係から考えても司饔院の「司」であると判断する。司饔院の前身は高麗時代においてはなお食局、司膳署などであるが「司」の字のついた時代は余り長くない。李朝になっては当初司膳署であった。間もなく改めて司饔院となりその名が終りまで続いた。また「大殿」は王の敬称であるから大闕《たいけつ》(13)用の意かも知れない。以上の文字ある破片はいずれも無紋の白磁である。同じ窯に鉄砂の模様あるものが相当多いにかかわらず、文字入のものに限り概《おおむ》ね灰色を帯んだ白磁である。そこで『慵斎叢話』の「世宗朝御器、専用白磁(14)」の記事を当てて考えて見ると、即ちお上の思召《おぼしめし》によって仏教臭い蓮花模様など擯《しりぞ》けられ御用を白磁と定められ、御用品には印を押したものと思える。世宗は即位の当初において徹底的に仏教を排し千四百二十一年に初めて立太子式を儒式によって執行したほどであるから右の想像は外れないと思う。従ってこれらの窯を十五世紀の初めのものと断定する。

その次に窯が移されたのは牛山里である。これは世宗の実録による所山である。本窯においては政府の奨励に依り白磁がますます発達し、分院窯中随一ともいうべきほど精致の域に達した。青白にして質薄く高麗の白磁に近いものも出る。なおここに特筆すべきは世祖の朝に至り明《みん》の染付を模し支那より求める回々青を用いて樽罍《そんらい》(15)、盃觴《はいしょう》(16)に染付して中国と異なるなしという自信を得たことである。その成績は前にも述べた如く全くその通りである。その当時は随分隆盛を極めた時代であり牛山里から道庄洞にかけて賑わったことであろう。現に分院里に住む鄭、卞の両氏はいずれも六十歳を越えた老人であるが代々陶を以て業として最後まで分院窯の経営に尽し三百戸の里民を善く指導した人達であるが両氏は吾々の宿を訪ねていい伝えられている史実の一端を物語ってくれた。

両氏の先祖は初め牛山里に住んで居たが窯の移転と共に移住し観音里から金沙里に来《きた》り更に現在の分院里に引越してその間両家共に十二代を経たとのことである。一代を二十五年平均で計算しても三百年になる訳である。種々な記録もあったそうであるが先年燔院の火災で皆焼失してしまったとの事で甚だ惜しいことに思う。

かくの如く窯場の推移した形跡は破片にも明かに現われて居る。また『続大典』に従えば「司饔院沙器匠人の子枝は他役に定むる毋《ナ》く其《そ》の業を世伝せしむ」とあるから代々その業を継いだということも首肯出来る。

年中きれいな水の絶えない蘇美川は水簸《すいひ》(17)や石の粉砕にも相当利用されて窯業地としてこの点だけは申分がないと思うが、附近の山は次第に裸になり薪材を他地方から仰がねばならないようになり、窯業は次第に慶安川に近づいて来た。舟運の便があって水害の憂《うれい》なく適当の傾斜が窯場として選定されたものと想像する。

牛山里、道庄洞、の作品にはいわゆる古染付もあり、上手の白磁もあったがその数は全生産に比して多くはなかった。殊に染付即ち青画白磁器に至っては実に宝物扱《あつかい》にされたものである。『経国大典』に「大小員人、紅灰白色の表衣、白笠、紅鞓《こうちょう》(18)を用いたる者、酒器の外金銀、青画白磁器の者(庶人の男女は則《すなわ》ち並《み》な紅、紫衣、紫帯、金銀、青画酒器、交綺綃玉、珊瑚《さんご》、瑪瑙《めのう》、琥珀《こはく》……略)……並な杖八十」とあるからして庶民には使用出来なかったこと明かである。一般庶民の使用したものは道庄洞の入口即ち里門内の窯(25)で多く焼かれたと思う。この手のものは京城附近に最も普通に見られる破片である。尤も(25)の窯跡数ケ処ある内部落に近き一窯において見る左、別、別々等の文字ある白磁は勿論《もちろん》御用品である。

観音里においては(29)の窯を除く外《ほか》全部下手物《げてもの》である。これらの下手物は単に無雑作に造ったというより故意に粗悪にしたような気がして質も形も美しいとは思わない。当時庶民向きに作るものは靭を用いず、高台には粗砂を附けて重ね焼きにしなくてはならぬといった風の制限があったらしい。

金沙里においては染付ものが次第に多くなったが、まだ前述の禁制が解けた訳でないから依然貴重品であったことはいうまでもない。その頃の染料はいわゆる呉州または土《ど》青《せい》と称せられる支那産の天然のコバルト鉱であった。「司饔院燔造の磁器は一年に二次春秋に進上す」と『続大典』に定められて(い)るが、その進上品はいずれも制規の品で、多くは支那の制に倣《なら》いいわゆる万暦(19)写凡のものであった。従《したがっ》て陶工らにも創造の自由は許されていなかった。『大典通編』には「燔官の別燔して巧制なる者は勘処す」とある。かかる事情であるから分院の窯業が工芸的に発達しなかったのも無理はない。本窯の作と思われるもので優秀なものは陶工の自家用として慰みに作ったものや燔官が個人的の土産物として作らせたものに多い。

最後に分院里の窯になると、呉州の染付はその数を増したが普通の進上品は依然として味のない規定通りのものであった。しかもそれらは段々形が壊れて来〔、〕更に近代になって西洋のコバルトで染付するようになり遂に朝鮮磁器の本領を失うに至った。尤もかかる間においても陶工の手遊《てすさび》に作ったものには相当捨難《すてがた》いものが少なくない。

各窯とも陶土は一部広州産のものを使用したが、官の力で各地から優良な土を取寄せて使っていた。陶土に恵まれない窯場が如何にして数百年の長い間の仕事を続けたかというに全く薪材の供給と水運の便に与《あずか》ったものである。その関係は次に記す『続大典』の条文に依っても明かである。「広州、揚口〔楊口〕、晋州、昆陽の最も燔土に宜《よろ》しき処は掘取りて船運し燔造の時斫木地方の邑は則ち三十に一を税す〔。〕経る処の各邑は税せず、違いたる者は守令は拿処《だしょ》(20)し監官色吏は決杖して定配す。」

以上は変遷の大要であるが作品の姿の上からその変化を観察し年代別に分けて見ると次の如き結果になる。

便宜上各窯に最も普通である鉢、即ち朝鮮語の沙鉢(サパル)を例に挙げることにする。

(一) およそ千三、四百年代のもの

(イ) 口開きて僅かに外方に反り気味である。

(ロ)轆轤目が割合にはっきりして高台や胴に現われている。
(ハ)高台が高く大きくて下部が僅かに拡がっているかまたは竹節状をなしている。
(ニ)高台の内面には釉薬のあるもの少く素地が逆目立《さかめだ》っていわゆる車はぜになっているものが多い。
(ホ)内側の底に月輪状の線がある。
(ヘ)目跡は三乃至《ないし》四あって大きくない。
(ト)線彫の模様に鉄砂が象嵌してあるかまたは無地である。
(チ)釉薬の色は青味を帯んだ灰白色が普通で、青白や青瓷色もある。
(リ)この種のものは(7)及《および》(13)から(19)の間にある。
(二)およそ千四、五百年代のもの
(イ)轆轤目が余り瞭《はっき》り出ていない。
(ロ)高台はしっかりしているが(一)ほど高くない。
(ハ)目跡は四つが普通で(一)より大きい。
(ニ)稀に鉄砂で模様を描いたものはあるが概して無地が多い。
(ホ)釉薬の色は灰白または白色で質は(一)より硬くかつ薄手である。

(ヘ) その他はほぼ(一)に似ている。
(ト) この手のものは(1)(2)(3)(8)及(16)より(19)にかけて多い。
(三) およそ千四百―六百年代のもの
(イ) 口は開いているが反り返ったものは少ない。
(ロ) 轆轤目は殆ど現われない。
(ハ) 高台は小さく下部が僅かに窄《すぼ》まりかつ下端が薄くなっている。
(ニ) 高台の内面には釉薬がかかっていて砂附になっている。
(ホ) 高台の内面に文字が彫附《ほりつ》けられたものがある。
(ヘ) 釉の色は灰白、青白、純白等が普通である。青画のあるものもこの手に属す。
(ト) (4)乃至(7)及(20)乃至(26)にこの手のものが多い。
(四) およそ千六、七百年代のもの
(イ) 口は僅かに開いているが線は単純である。
(ロ) 轆轤目は殆ど目立たず面は滑かである。
(ハ) 高台は大きいが低く砂附になっている。
(ニ) 高台の内面には釉薬がかかっていて平滑である。

(ホ) 釉の色は白または青白である。
(ヘ) 呉州の染付を施したものもあるが大部分は無地である。
(ト) 内面には月輪状の線はない。
(チ) 無地厚手の粗末なものになると重ね焼したため内側の底にも砂粒が附着している。
(リ) この手のものは(27)(28)及(32)において普通である。
(五) およそ千八、九百年代のもの
(イ) 口は胴の線の延長であって特に開いていない。
(ロ) 高台は極めて低く砂附になっている。
(ハ) 高台の内面は深く陥入している。
(ニ) 呉州またはコバルトの染付が施してあるものもあるが大部分は無地である。
(ホ) その他は概して(四)に似て居てただそれより厚手で重い。
(ヘ) この手のものは(33)(34)に多い。

五　巻　尾

稿を結ぶにあたり調査の結果感じた事項を思いのままに書き添えることにする。

民衆の生活と分院沙器。

李朝時代における民衆の日常生活と分院窯所産の焼物との関係、即ち分院で作られた焼物が民衆の家庭においてどんな風に用いられていたかを考えて見たいと思う。

分院窯で作られたものの主なるものは食器で次に祭器、文房具、化粧用具、室内用具、容器その他の雑器がある。それらの器物は燔造の時から御用品と一般民衆用のものと区別してあり、御用品は原料を吟味し製作を叮嚀にし時に種々な記号を附したものもあるので能《よ》く民衆用と区別することが出来る。なお御用品は常に特定の窯で焼かれたものらしく各時代の窯跡において各一、二箇所に限られ大部分は民衆用の普通品を作っている。朝鮮においては食器その他の器物に陶磁器の外真鍮《しんちゆう》器が多く使用されて居るがそれは季節によって使い分けることになって居るので古来陶磁器はやはり必要欠くべからざるものであった。即ち真鍮器は堅牢で凍《し》み破れる心配がないのと保温の効があるというので寒い時候に用いられるが、夏は銹《さび》を生じ易くかつ一種の真鍮臭が強くなるので陶磁器を必要とする。朝鮮においては食事の際直接手にする場合が少ないためか一般に比較的器物が分厚で重い。これは匙《さじ》を以って食事する者にとっては何ら痛痒《つうよう》を感じないことである。また高台に砂が附いてざらざらして居るものが多いがこれも余り問題にならなかった。これは特に民衆の用うる器物は砂高台でなければならないという時代もあった関係もあり食器を載せる膳の類も高台の摺《す》れ傷を気にするような種類のものは余り用いなくなった。

今世上に残っている器物を見るに食器の大半を占めている鉢、碗の類には美《うる》わしいものがとぼしくかえって数の少ない盒、皿等によきものが多い。これは思うに比較的製作上の自由があったことと碗の類は多く使われるために取扱中破損する機会が多いのに他は碗等とやや取扱が異《ちが》うので保存し易いため一時代前のものが残っている関係もあると思う。元来食器等を保存愛玩する趣味は余り盛んでなかった。あってもそれは婦女子の嗜《し》好《こう》であって大人の仕事でなかった〔。〕これは全く儒教の影響から来て居ると思う。

李朝の歴史において政党の争権は大きな題目でありその結果は一門の浮沈に関係したが、工芸の変遷に直接関係のあったものは儒教の宗教戦であった。儒仏の争闘は随分極端に走りなおこれには時に巫《ふ》覡《げき》も加わって鎬《しのぎ》を削った。その結果は直ちに民衆の生活に影響し従って器物にも変化を与えたことはいうまでもない。分院の初代の窯において見る蓮花や唐草の模様ある鉢が白く硬い、整然とした鉢に更《あらた》められたのも明かにその余波である。

その辺の消息の最も鮮かなものに祭器がある。祭器は祭礼に用うる器物であるからその様式が宗教に依って定められてあるからである。李朝になって公の祭礼は概《おおむね》儒式によっているので牛山里の窯以後の祭器を見ると儒教の味が遺憾なく出ている。姿は端正、色は純白という風の標準で作られたものと思われる。

祭器は手に取るものでなく、置いて横から眺めるものであるから自然形もそれに応《ふさ》わしく出来ている。高台が高く、側面の線が美しく伸びている。角を削って面とりした器なども祭器の特色である。何となく威儀とか純潔とかいう感じは強いが従容《しょうよう》、温雅な処がない。これは元来飾るべき器であって抱擁、接吻さるべき器でないから当然ではあるが、この流が食器その他の器物にも一部流れ込んで来たので、一般の傾向は概して冷たくなった感がある。即ち道庄洞、観音里等の窯においてその実例を見ることが出来る。

然《しか》るに時の推移と共に祭礼の儀式は形式のみ重んぜられるようになり祭器も次第に義理一片の器となり形がくずれて一種柔かな感をもつようになった。これが祭器以外の器においてはかえって雅致になって現われて来た。金沙里や分院里の窯はそれである。

正祖時代に出た『山林経済』には「凡《およ》そ祭器は鍮錫を以て製進すべきの勢有りと雖《いえど》も

終《つい》に清潔なる砂木の器に如《し》かざる者は其《そ》の貧しくして鬻《ひさ》ぎ或《あるい》は偸《ぬす》まるるの慮〔虞〕を免る可《べ》きを以て也」と記し砂器を用うべき器物として砂盞一具台、羹器《かんき》一、魚肉膾楪(21)二、正果甫児(22)一、乾正果楪一、沈菜甫児一、鍾子四等が挙げてある。かかる考えに基いて作られたものか末器〔末期〕の祭器は概して粗雑であって、古物を売っても無価物同様また庭先に放って置いても盗んで行く者がないまで味〔が〕なくなって来た。朝鮮人の祖先に対する愛は勿論何時《いつ》の時代においても変りはなかった。祭器の冷《ひやや》かになったのは温情の冷めたためでなく、道徳律の強要や祭器を火水盗難に遇《あ》わせたら一家が亡《ほろ》ぶとか、貧乏しても売ることは出来ないとかいう迷信もあって、かくまでに行き詰まったものと思われる。

上述の如く食器は特殊なものを除く外《ほか》概して消耗品扱に出来て居るし祭器は何となく四角張って冷かなため親しみを感じられないものが多いが文房具や化装〔化粧〕用具などになると、殆ど各窯一貫して朝鮮独特の雅味が溢れている。これらは全く朝鮮人の持つ温き静かな感情を表徴するものであって、その種類の豊富なことや形態、模様等に躊躇の跡を見ない点から察するに、この種のものは陶工において製作上の或る自由があったものらしく、また彼らはこれを作る事を楽んだものらしい。従ってこれらの作品は末器〔末期〕のものといえども各《おのおの》に個性が現われて居て、実に捨て難いものが多い。文房具のうち代表的のものは水滴と筆筒であろう。これらは形状及《および》模様の種類に富み、いずれも愛さるべきものである。実際使用中においても前に述べた食器などの如く消耗品扱いでなく、随分愛玩されたものでふっくり脹《ふく》らんだ水滴の一つを掌に納めるならば、直接に温まりを感ずる気がする。化装〔化粧〕用品の主なるものは白粉壺《おしろい》、油壺、紅皿、洗粉の盒等で殆ど一の屑もなしに皆美しい。実際人間に親しく触れ愛用されるために生れて来た器物という気がする。これらの諸具は伝世《でんせい》としてはいずれも金沙里以後のものが残っている。

室内用具、容器になると、灰皿、火鉢、花瓶、燭台、便器、枕側《ちんそく》、徳利〔、〕壺等がある。これらは種類が多く、同じ姿のものは殆どないといってもいいほどに変って居るが、やはり余り古い時代の物は伝世品として見ることが出来ない。今あるものは先ず古い処で金沙里の窯以後であろう。火鉢、燭台には形において優れたものがあり、枕側や壺には模様の美しいのが多い。尤も壺の姿に至っては多種多様であって素晴しい大作もある。ただ龍を描いた壺が数の多い割合に優れたものはないのはこれも祭器として作られたものだからであると思う。陶工らが規則を忘れて自由に手を伸ばして作ったものにのみ美しい作がある。

その他雑器には煙管《キセル》とか薬研《やげん》とか墨壺、擂鉢《すりばち》等を算《かぞ》えることが出来る。いずれも良きものばかりである。医者が陶器の煙管を口にして磁器の薬研から薬を盛ってくれ、大工が焼物の墨壺を持って木取《きどり》をしている様を想像して、その頃の人達の平和な生活を思う。昔の花嫁らはクラブ白粉の瓶の代りに分院沙器の白粉壺や紅皿を持って嫁いだ。その壺や皿は年寄るまで愛用され朝な夕なに彼《か》の女らのよき友となりまた更に孫娘の嫁道具のうちに加えられ、そして常に軟き掌で撫《な》で磨き上げられ今日に到ったものである。

御用品に良きもの少《すく な》し。

調査の結果は大体期待通りであった。実録に記された上品も、『慵斎叢話』の筆者が評した「尤為精」の物も見当がついた。その他御用品と見るべき記号あるもの即ち「内用、司、大殿、広州、左、別、天、地、玄、黄、甲、上、進」等の文字ある破片について見るに、それらは概して美しくないものが多い。尤も或る意味において精致とか上品とかいう語には当らぬでもないが、何となく弱々しくて線も姿もだれている。色の白さとか、面の平滑さとかいう点において優れて居ても力とか味とかいう点において全く問題にならない。同一の窯でも文字入でないもの即ち当時の御用品ならざる器には優れた作が多い。三島手や青瓷や唐草模様を線彫して鉄砂を象嵌した力ある作には記号を見ない。また白磁であっても初期と思われる窯で無雑作に重ね焼きしたものは、右の伝統によって相当美しさを持って居る〔。〕「世宗朝御器、専用白磁」と『慵斎叢話』にもあり白磁が御用器に制定されてからはいわゆる支那の白定器に倣ったものを専《もっぱ》ら焼いている。牛山里の古染付は立派なものである。事実「与中国無異」という域に達しているがやっと真似が出来たというまで、原《もと》より写しではあるが御用品に通有な繊弱さを失わない。画員を連れて出張した官吏が器物の寸法や素地の白さや釉薬のかかり具合をやかましくいったことは想像出来るが存外進歩の跡は見られないように思う。

原料の白土などは必要にまかせ官の力で全鮮から上等のものを集めた。『続大典』に定めてある処でも遠く慶尚道の晋州、昆陽、江原道〔の〕楊口から来て居る。薪についても勿論不自由しなかったと思う。それで良き作が出来なかったというのはちょっと考えると不思議のようにも考えるが事実そうでもない。

「日本の焼物のうち上手《じょうて》ものの代表はいわゆる「お国焼」とかお庭焼とか呼ばれるものであろう。だが私はかつてそれらのものの中に真に美しいものを見たことがない(23)」これは柳氏の『工芸〔の〕道』の一節であるが、この関係がそのままに分院窯においても見られるのである。

御用品には一定の制度があったのでそれ以外に勝手に作ることは禁じられた。『大典通編』には「燔官の別燔して巧制なる者は勘処す」とある。かかる規則の下にある燔官の指揮を受けて居る沙器匠は更に自由でなかった。その自由でない証左は鉢の高台や縁において明かに読むことが出来る。轆轤の跡は文字の筆力と同様であるべきである。茶溜りが筆の打ち着けであるならば縁はその跳《は》ねた先きである。高台は力を込めて打った点のようなものにも相当する。然《しか》るにもし書家の前に人が居て「も少し長く引け」とか「その辺で止めろ」とか「真直《まっすぐ》に跳ねろ」とか一々指図されて美しく書けるはずがない。注文通りに完全に出来たとしてもそれは提灯屋《ちょうちんや》か傘屋の字と一緒である。いわゆる御用品には提灯屋の字と共通な感がある。轆轤目は幾度も撫でられ削られて滑かになり、縁は平《たいら》に薄く角を丸められてしまっている。元来この縁は轆轤が勢《いきおい》よく廻転するにつれて作られる。器物から作者の指先きが離れるところに土の味や廻転する勢いが印されるところである。然るにそれを何度も撫で廻《ま》わされたり途中で制限されたりしては力も味も出るはずがない。高台について比較するならば御用品は砂が多く附かないように釉薬の禿が〔禿《は》げ〕ないように、焼いた時台な〔か〕らよく離れるようにいわゆる手綺麗に仕上げようと苦心した形跡があるが他は無雑作の如く見える。確かな自信ある操作によって殆ど無心のうちに出来ているので高台の形も一様でない。中央の隆起しているものもあり陥没しているものもある。蠑螺《さざえ》の尻のように渦巻きになったものもあり、いわゆる車はぜの見えているのもある。側方から見ると、下部が開いてどっしり据《すわ》り安定な感じのするものもあり、竹節状になって確かさを思わせるものもありいずれも力の迫って来るものがある。

材料においてもそうである。必ずしも遠方から取り寄せた良質の土から良き物が焼かれたとは思われない。現在鍾路辺の磁器店に売られて居る内地製の沙鉢や便器と鑑別し兼ねるほどに白い素地のものも古い窯に多く見られるので当時はいわゆる上品として賞揚されたと想像するが、面が死んで居るので一向感心せない。それらは多く文字入の手で色も勿論ただ白いというだけで味のないのが多い。伝世品について見てもそうである。高台に「上」または「甲」字を記したものは御用品であるがそれらは素地の色も白く染付した模様も密で焼け上りもよく一種の気品はあるが何となく弱々しい。それらは金沙里以後の窯の産である。

要するに分院窯における美しき器は旧来の伝統によって平気で作ったもので、支那の写《うつし》にあらざる陶工の自由な作、画員が勝手に描いた規則外れの模様、いわゆる燔官の別燔したという風のものに優れた創造的の傑作があるということになる。

廃窯となるまで〔。〕

分院窯の代表作は初期にありては温雅にしてしかも力ある線彫模様のもの、中期にありては純白端正のもの〔、〕末期にありては自由、大胆、放逸等を思わせる模様の染付もの、及陶工の創造と思われる温情そのままの如き彫刻ものであると思う。これは四、五百年の永い間の成績の総勘定であるがたまには随分盛衰もあり経営上の困難も多かった。作品の上からいうと進歩とか発達とかいう形跡は殆ど見られないが、その間に間々《まま》よき物を産したのはただ自由な本来の姿に復したのみといいたい気がする。常に窮屈な規則と無理解な役人の監督に縛られて陶工は不本意な仕事を強いられて居たように思う。四、五百年もの永い間窯場が続いたことがむしろ不思議である。もし陶工の自由に委せて置いたら更によき作が出来なお次第に進歩したはずだと思う。働くものの意志に逆《さから》った仕事を続けるところには必ず無理が伴う。その無理は官の威力で抑制され何時《いつ》の間にか陶工や燔官の心は仕事の外に生きる道を求めるようになった。

一体愛されて作られ、愛する人の手に帰すべき工芸品が製作は規則に拠り、使用は階級に依るのだから陶工は常に無理な製作を強要され、理解ある使用者の多くは粗悪なものきり持つことが出来ない。加之《しかのみならず》陶工はその業を世襲すべく法令で定められたのだからたまらない。

『続大典』には大小員人(総《すべ》ての官吏)は酒器の外《ほか》金銀、青画白磁器の使用を禁ぜられ更に一般民衆に至っては青画酒器さえ禁じられてある。当時染付物は画龍樽(龍を描いた祭礼用の壺)の外一切厳禁されている。それで普通に使用された器はどんなものかというと世宗以来殆ど上下を通じて大部分は白磁であった。宛然《えんぜん》衣服における白木綿や麻布のようなものである。しかも一般民衆の使用するものは砂高台の特に粗雑なものでなければならなかった。階級制度と勤倹とを加味したかかる制度は陶工から製作上の興味を奪ってしまった。燔官は燔造に意を用いるより陶土の調達や薪材の徴発に忙殺され、そこにはいわゆる役得もあってそんなことに興味を繋《つな》いだらしい。『続大典』及《および》『大典通編』の条文に徴してもほぼ判るが「本院(司饔院)江筏の収税は内需司の木物、焔硝庁の吐木を論ぜず毎十木に一を税す。収税の時若《も》し有用木を取りたるものは監官は決杖して遠配し燔官は贓律《ぞうりつ》を以て論ず」(『続大典』)〔、〕「燔院の柴場、山田の広州に在る者は地方官をして踏検して収納せしめて以って勤徴の民弊を除く」(『大典通編』)とあるから監官や燔官に木を盗む不正の心を持つものがあったらしい。なお燔院所属山林の徴税において無理にしぼり取る弊を除くためにこれを地方官に司らせたとしてあるところからして燔院における監官も燔造官も信用がなかったようにも解される。製作上の興味も研究に伴う歓びも一切封じられたこの窯場においては工芸の進むべき道が閉塞されて居た。陶工らは内証の私作において時々微《かす》かな気焔《きえん》を上げて居たが、その火もとうとう消えて今は全く煙のたたない窯となってしまった。焼物を焼く窯は僅かに修理を加えて焚き附けたら、所要温度にも昇り得るにしても陶工らの冷え切った胸を温めることは並み大抵でないと思う。三百余戸の住民が窯の再興を熱望して居ることは逢う人ごとに話が窺われた。この頃断念して間島方面に移住する者も多いそうである。

　窯が一つあれば白土の採取運搬から薪材の仕入製作方、焼き方等随分多数の人手を要する。なお製作方というても水簸《すいひ》、土捏《つちこね》、拉杯《らっぱい》〔拉坏〕(24)、焼杯〔焼坏〕、描画、釉掛《くすりがけ》、本焼までの各作業に多数の専門職工を要する訳である。なおまた製品の売捌《うりさば》きという段になると一層骨が折れる。例えば分院の習慣に依れば製品は船で運ぶかまたは人の背に負われて山坂を越え、到る処の村落に運べば代金支払は秋収穫後の約束で籾《もみ》一升とか五合とかいう交換条件で貸し売りするのである。かかる状態であるから資金の回収は容易でないのみならず売子が売上を使い込んだり食い込んだりする場合が多い。経営者にして見ると如何にして美しくして存在の価値ある品を作るべきかを考えずに販路のこと資本回収のこと、薪山払下《はらいさげ》のことの外《ほか》念頭にない。一体数百年来分院窯の真価を生かすということの企《くわだて》を試みた形跡は認められないように思う。しかし発展すべき素質は充分にある。しかし窯業の利益よりも薪山で儲ける経験を得たことが燔官以来の邪道であった。善き陶器を作る興味よりは直ちに金を握ることの面白味が忘られなくなった。しかし結局は儲けも残らなかったが作る興味はとうとう蘇らなかった。

窯主に問うて見た。「如何にせばこの窯業を再興し得べきや」を、〔。〕彼は直ちに答えた。「薪山さえ自由になったら立ちどころに焼ける」と〔。〕「窯を興すのは先ず第一に良きものを作ることである。世の正しい要求に従う作品さえ出来るならば薪などは自然に窯口に集《あつま》るべきである。一体この頃まで造って居たようなものを作る気なら如何に沢山の薪材が安価に得られたとしても最近のものは作品自身に存在の意味がない。今や朝鮮も両班《ヤンバン》(25)の株が振れなくなったように分院器もその名だけでは通用しなくなった」と所信を語ったら彼も肯《うなず》いた。

今まで朝鮮人や日本人に依って数次本窯の再興は企図され株式組織の会社を初めたのもあり個人で洋式の窯を築き安い沙鉢を作りかけた者もあったがいずれも失敗した。それらはいずれも算盤《そろばん》だけに基礎を置いたので始めから立ち行くとは思えない。今もしこの地において再興すべき途ありとすればそれは残る善良なる陶工の団結に依って郷土を以って素直な仕事を小規模に始めるということだと思う。それに要する資本なら僅かで足るはずであるから団体の決心さえ堅ければこれを得る途はあると思う。しかし現在においては永き因襲のために陶工ら自身にも誠意を欠き、ともかく資本家を食い物にしたがる風があるらしいので先ず再興はむずかしいと思う。しかし三百戸の住民のために祈らずにはおられない。

「思うような自由の仕事も出来ず、民衆を喜ばせる特権をも封じられてこの世を去った代々の陶工らの霊よ、君達の裔は今自由の時が来ているにもかかわらず働けない悲みのうちにある。しかも時代は君達の作ったような善き作品を熱望している。彼らを護《まも》り正しき道のために男々《おお》しく起《た》たせてくれ。もし数人の良き働き人らが醒《さ》めて起つならば復興は敢《あえ》て難事ではないと信ずる」

一九二七、五、一七　京城郊外清涼里にて

金海

一

釜山を朝発した汽車が北行して洛東江岸に出た時、私は対岸の山と水との美しさに何時《いっ》になく興奮した。余り美しいのですじ向いに坐って居る紳士に尋ねた。

「あの川向うに霞《かす》んで見える山はどこの山ですか」

「あれは金海郡(1)です」

「金海の邑内(2)はどの辺です」焼物で名を覚えている私は急に懐しくなって問うた。「行くのにはどう行くのが順路ですか」

「あの鵲《かささぎ》の巣のあるポプラの樹の見当に見える山の直《す》ぐ下です。亀浦駅から二、三里のものでしょう。自動車が通っています」

私が焼物に関して何かの手掛りを得たいと思って問うて見たが、その人は何も知らなかった。ただ亀浦駅の急速な発展状況を熱心に物語った。

間もなく汽車が亀浦に着くとその紳士は、

「私の家は川端のあの二階家です。御ついででもあったら御立寄下さい」

というて降りて行った。

その時私は思い切って一緒に下車して金海に行って見ようかと随分思ったが、意を決し兼ねている間に汽車は動き出してしまった。

「行くのには今はいい機会だ、この次の駅から後戻りしてやろうか。それにしても先刻一《ひ》と思いに下車したらよかった」

などと口の内でいって見たが無駄だった。汽車は何里かの間川添いに走った。対岸の景色は一層注意を引いた。「この水運とあの陶土の連山、今は禿《は》げて居ても昔は茂って居たに相違ない。焼物の発達するのも道理だ。日本の茶人どもが涎《よだれ》を流した名器もこの地方の普通の食器だったことはいうまでもないのだから、窯跡を知ることが出来なくても邑の附近で破片を拾っただけでも興味がある」そんなことを思っている時川舟が帆に春浅き日の北風を孕《はら》ませて悠々と下って行った。

「次の駅からあんな舟を雇って下るのもまた一興だ。この辺はこれまで何度も通った処だが、これほど佳《よ》いとは思わなかった」

私《ひそ》かに讃嘆しつつ窓硝子《ガラス》に額を押し当てて飽かずに外を眺めている間に、次の駅に着いたが思い切って下車するまでの勇気が不足してまたそのまま過ぎた。汽車は進行するにつれて洛東江とも別れ景色も次第に変って行った。そして金海行きも断念すべく自然よぎなくされたかたちで大邱駅に来てしまった。

二

大邱に三泊して用を達した私は仕事の都合で日程に一日の余裕を生じたのでまた金海のことが頭に浮んで来た、夜準備して置いて早朝食事もせずに宿を飛び出して南行の汽車に乗った。

汽車のうちで夜は明けた。

洛東江の朝景色は何度見てもよかった。

亀浦駅に降りて自動車屋を探したがそれは川を渡って向う側にあるのだった。先日車中で遇《あ》った紳士の家は渡し場の附近にあって看板で医者だということが判ったが、看板の書き方がいやな感じを与えたので立ち寄って金海行きの道を問う気にもなれなかった。

突然の思いつきなので地図もなし、金海窯に関する下調べもしなかったので、何の手掛りもないから誰にでもやたらに問うて見た。

渡し船の中には日本人の巡査と金海に永年住んでいるという百姓が二人いたが、何らためになる答を得なかった。ただ京城から試験休みで帰省する途中の朝鮮人の中学生がいった。

「金海の普通学校の校長を十数年して今は退職して居るWという老人が邑内に住んでいます。その人は自分達が学校に居た時分金海の焼物のことを話したことがありますから尋ねられたら参考になるかと思います」

「お宅は邑内のどの辺です」私は緒《ちょ》を得たと思って私《ひそ》かに喜んで問うた。

「自動車屋の附近です」

中学生の話しはただ一つの望みであった。

川を渡って約一里自動車で走り、また船で川を越え、また自動車に乗り替えて行くこと約一里で金海邑に着いた。

途中は随分寒かったので景色を眺める気にもなれなかった。自動車から下りて第一着にW氏を訪ねた。雑貨屋で尋ねて「この奥に質屋あり」と札《ふだ》の出て居る小路を入って行くと、朝鮮建を改造した家に日本式の築庭《ちくてい》を拵《こしら》えていかにも日本の小学校教師の住家らしい構えに住んでいた。

主人は外出して居たが、子供が直ぐに呼んで来てくれた。鞄《かばん》など持って居たので質《しち》の客かと思わせても気の毒だと思って焼物のことを早速問い出した。

「工業試験場の役人が先年調査に来て、陶土の産地や窯跡のことを話して居られたが今ははっきり記憶しません。学校に幾分の資料を備えて置いたはずです」とW氏は答えてくれた。

「今日途中で遇った朝鮮の中学生の談によると、貴家は御在職中焼物に興味を有《も》たれ生徒にも御説明になったとのことですが、何なりと金海窯について御知りのことを御聞かせ下さい」

「それは多分工業試験場から調査に来られた人から聴いた話をその当時生徒に受け売りしたのでしょう、今は覚えていません」と、秘して居るのか謙遜して居るのか見当もつかない。

「生徒は貴家が発掘品を御所持のようにもいうて居ましたが」

「それは何かの間違いでしょう」

「工業試験場の技師の話は思い出せませんか」

「そうですなア――そうそう上東面の多分甘露里かと思いましたが、そこに古《いにしえ》の窯跡があり陶土も出るというて居たような気がします」

「ここから遠いでしょうか」私は先生の丸刈した白髪頭を眺め先生やはり年のせいで忘れたのだなと思いながら問うた。

「行ったこともありませんが、ここから四、五里はあるでしょう」

「学校にその標本がありますか」

「あるはずです」

先生は私の質問には始めから興味がないらしい。ともかく学校へ行けば解ると思ったからその位で切り上げた。

学校は直ぐ近くだった。

日直の教師の処へ遊びに来た四、五人の朝鮮人の先生がストーブを囲んで話して居た。教師らの内には私の質問に対して適当した答えを与える者は居なかった。資料も手分けして探してくれたが見附からなかった。

そしてその内の一人がいった。

「以前は焼物の破片がたしかこの棚の隅にありましたが、大掃除の時多分捨てたかと思います」

またW校長時代に総督府から達しがあって編纂《へんさん》したという郷土史もあったが、それには焼物のことは書いてなかった。

何時《いつ》まで邪魔をしても甲斐がないと思って辞去し、支那人のうどん屋へ入って食事を注文した。朝飯と昼飯とを一緒に一碗のうどんで済《すま》しながら思案した。

朝鮮人の老人に逢《あ》うことを忘れて居たことに気がついて、鞄を自動車屋に預けて郊外を走った。

三

市日の賑《にぎわ》いを想像しつつ掘立小屋の建ち並んでいる広場を横ぎり城壁に登った。城壁は乱暴に破壊されて僅かにその跡を思わせるだけに残っている。石材は新設の道路の石垣にされたり盗まれるものも多いらしい。

城壁の上から市街を眺めると市場の附近に石柱の楼屋が一棟特に目立って美しい。大通りは大概日本屋に化して亜鉛《あえん》屋根の光って居るのも淋しい。

城外の小松原に落葉を掻《か》いて居る老人を見つけた私はそこへ走った。

「お尋ねします」私は途中で拾った陶器の破片を示しながら尋ねた。「この附近にこんなものの沢山集まった処を知りませんか」

「屋敷跡のような畑か川尻に行ったらいくらもある」

「それでなしに昔焼いた窯跡です」

「昔のことは知らない。この辺では昔から焼物を造らないから」

「金海郡の内に有名な焼物の出来た話は残っていますがねエ」

老人は思い出したらしく点頭《うなず》いて「この山を越えて三里行くと古沙器廛という処がある。そこには破片が山をなしているという話だ」

「お礼はしますが、御苦労でも案内を願えませんでしょうか」

「この老人がどうして行かれましょう。山道がひどいから行っただけで日が暮れます」

「日が暮れたらそこに泊ったらいいさ」

「そこは今家も何もない山の中です」

老人は熊手にかかるかかからない位の僅かな松葉を丹念に集めながら、迷惑そうにいって働いて居た。

私は地名を知っただけでも無益でなかったと思って満足してそこを離れた。

古沙器鏖に越えるという城の裏山は、下腹一帯耕地になっていて頂きに山城が見える。その耕地を漁《あさ》って陶器の破片を拾った。三島手《みしまで》の各種が最《もっとも》多く青磁の鮮かなのもあった。白磁の厚手でいわゆる金海窯のものも多かった。

土手の上の麦畑で鏖焼の煙が立って居るので行って見ると、傍に四十格好の鬚男《ひげおとこ》が麦の中打ちをして居た。肥《こえ》をしたばかりと見えて春陽に尿の乾く臭《におい》が鼻をつく。

私は自分の目的を語り古沙器鏖までの案内を頼んだ。

「私の仕事は明日に延《のば》してもいいから案内しましょう」彼は存外易《やす》く請けてくれていった。「しかし今日戻る事は面倒です」

「遅れても二人なら心配はない、御礼は考えて上げるから急いで出かけて見よう」

「家に道具を置いて仕度をして来ますから、暫《しば》らく待って下さい」

「そんなら僕も自動車屋まで行って荷物のことを頼んだり明日の自動車の都合を調べて来る」

「私の家はあの瓦葺《かわらぶき》の高い屋根の後《うしろ》ですからその辺の道に出てお待ち下さい」

「よしきた」

「それでは後ほど」

二人は別れた。

城壁を越えて先刻美しいと思って眺めた建物の側を過ぎるついでに、注意して近づいて見ると階上は硝子障子に立て替えて水利組合事務所になり、階下は亜鉛板の壁を張って物置に使われ、セメント樽や水車が置いてある。附近には土塀や附属建物や池や老木が荒れ放第〔放題〕に荒らされている。惜しい建物だ。

自動車屋で用を達して約束の地点に来て、待てども待てども彼は来なかった。

私は迷い出して道路の傍に坐ったり彼が来ても直ぐ目に留るようにと思って、城壁に登って立って見たりした。その次に彼れの家の方角へ行って見たが、名前を聴いて置かなかったので仕方もなかった。家々を覗いて見たがそれらしい家もなかった、そんなにして一時間余りを過した。私は思い直して元の城壁の処に来てなお待つ間陶器の破片を探すことにした。

そこにも三島手が多かった。三島手の半円に破れた高台《こうだい》を拾い上げて内側を反《かえ》して見た時、思わず微笑して喜んだ。そして彼の男を長い間待った不快も償《あ》って余るような気がした。それはその破片に文字が象嵌《ぞうがん》してあって金海の金の字と海の字の一部が読めたからであった。

「やはり昔にこの種類がこの地で使用されたのだ。焼いた処も遠くあるまい。それにしてもこの地に優秀な三島手の破片の多いのに驚く、京城にも多いが、概して宮の跡に多いようである。しかしこの地方ではどこにでもあるようだ。一般に普通の食器に常用されたのらしい。窯跡に行きたい。彼の男何時《いつ》まで待ったって当てにならない。かまうものか一人で行こう」と決心した。

四

奮然として歩み出した私は田圃《たんぼ》道を先刻の老人が山越《やまごえ》するのだと話した方向に急いだ。時々後方を振り向いて見たが約束した男の影は見えなかった。山道はいよいよ急峻になった。道に添うて渓流もあり大きい岩も露出していて、夏時などは滝も美しかろうと想像した。岩の上に立って見返すと、邑内に続く耕地とそれを囲む高くもない裸な連山は、晴れた空と共に日本では見られない鮮かな色彩だった。この附近の山々は殆んど陶土を産せざるなしという有様で、質はともかく到る処陶土の山だった。

山は思いの外《ほか》奥行が深く、山頂に近い処にも水田が開けてあった。近づくに従って一種の不安を感じ出した。

「この道がはたして行けるのかしら」

薪取りの人に遇うごとに問うたが誰れも知らなかった。ますます気になり出した。山上の岱地《たいち》を過ぎると、下り道になった処に荊棘《いばら》だけを刈り集めている老人が居た。荊棘の用途を尋ねたら、それは土塀の上などに置いて盗賊除《よ》けにするのだそうな。古沙器廛への道を問うたら、

「この山を下りたら麓《ふもと》に酒幕があるからそこで聴き、この先きにも二つばかり部落があるから、次ぎ次ぎと聴いて行く外ありません。今から説明したところで、この山道を始めての人に判らせることは出来ません」

「これから先き何里位あります」

「約二里位」

下りてからは思ったより道もよかった。

酒幕で尋ねた結果も要領を得た。

峠を二つ越えて日当りのよさそうな部落が現われた。前面に田圃があり部落は小高い処に纏《まと》まって居、背後に山があって田圃中には水車などもあり、住み心地もよさそうに見えた。

畑に中打《なかうち》をして居る人に尋ねたら、その人も知って居た。太陽も落ちかけていたので
その人に強いて案内を乞うたら、
「私は都合が悪いから困るが何とか御世話しましょう」
というて先に立って行った。歩きながら問うて見るとこの裏山を越えると直ぐだとい
う。
案内してくれた人は途中に落葉掻きしている子供に、案内方を相談して納得させてく
れた。子供は急いだ。
山裏の柿と栗の木の多い小部落を過ぎ、目的の古沙器廛の谷に着いた時は私も疲労を
覚えた。
窯跡は谷の入口水田の傍に一ケ処、谷間を三、四町登って行って左側の山麓に一ケ処
あった。
いずれも二十五度ばかりの傾斜地で、四、五間の長さに窯跡らしくうず高く土や焼物
の破片が盛上っていた。
二ケ処とも白磁で僅かに黄味を帯んで居て、その点は冠岳山や道馬里のもののように
鼠色や青味を帯んだいわゆる還元炎のものと異っている。高台の確《しっ》かりしている処と、

轆轤《ろくろ》跡の鮮かな点に特色がある。

いずれも重ね焼きしたもので、五徳《ごとく》跡は内外にあり練り砂で七、八個から十個あるが、いずれも離れは悪くない。仕損じは主に焼け過ぎで胴が歪《ゆが》んだり口が他の物と融合したりしたものである。焼かれた種類は胴の深い沙鉢が最も多く皿や碗もあったらしい。焼いた時代は知る由もないがやはり三島手の次の時代らしく、奥の窯より出口の窯の方が幾分後かと思う。

ともかく吾々がこれまで金海窯と称して居たものと共通の点を明かに持っている。附近を他にもないかと思って探したが見つからなかった。沢を上って行くとそこに人家が一軒あった。声をかけると老人が出て来た。窯跡のことを尋ねたら、

「この谷には二ケ処だけだが前の山の裏側に一ケ処ある」

「案内は願えませんか」

「もう直ぐ日も暮れるし私の家を空けて出ることも出来ないから困る」

実際は私も晩《おそ》くなると困るのだから断念してついでに問うた。ポケットから三島手の破片を出して、この種類のものかまたはこの谷の物と同じかと。しかし老人の返事は要領を得なかったが察するにやはり白磁らしかった。

帰途についたが疲労と空腹とで子供に続いて歩くに骨が折れた。柿の木の多い部落に来た時、子供に何か食物を求めさせたが何をも得なかった。

日当りのいい部落に戻った時は黄昏《たそがれ》だった。部落の入口の家の軒先きに腰を下して子供に鶏卵を買わせに遺〔遣《や》〕った。子供は今度も買わずに戻って来た。その間に村人は集って薄暗い光に私の顔を覗いて珍しがった。

「私はこれから邑内に帰らなければならんのだが腹が空いて困っている」私は皆に話しかけた〔。〕「鶏卵でも何でも食物を売ってくれる人があったら感謝します」

二、三人の子供が走り去ったと思うと間もなく鶏卵を持って来て、

「この頃は鶏の雛《ひな》をかえさすために農家は卵を売らないのでここにたった三つありま す。一つ五銭ずつでよかったらおあがりなさい」

僕は早速生《なま》のまますすった。

泊めてくれる家を尋ねたがなかった。

案内してくれた子供に礼をしてそこを立った。

陰暦五日の月が西の山に傾き星が明かるく輝いて田圃道がかすかに白く見えた。

五

谷を横ぎり岡を越えて五、六町行った時、後ろに人の呼ぶ声のするのに気がついた。

「旦那ア——旦那ア——」

外《ほか》にも何かいうて居るようだが遠くて話しがよく聞きとれないが、立ち止って注意して見ると、細い月光りに白衣の三、四人が早足に近づいて来る〔。〕「泊って行け」というて居るらしいので、待っていても気の毒だから私の方からも近づいて行った。三、四間に近づいた時白衣の一人がいった。

「旦那これから夜道を一人で邑内まで行けるものですか、汚い処ですが泊っておいでなさい。今家の子供が帰っての話にこの村へ日本人が来て食物と宿とを探して居たが、僅かに鶏卵三個を得ただけで立ち去ったというので私がお泊めしようと思いあわててお呼びしたのです」

私は嬉しかった。そしてその人の後に従って随《つ》いて行った。

カンテラを点《つ》けたくすぶった部屋に通されて主人と改めて挨拶をした。

主人は鬚の薄い色の浅黒い大男で四十になったかならない位に見えた。十五になる子供が一人居た。

食事を直ぐ出してくれた。大豆の挽割《ひきわり》の入った飯と、青唐辛子の味噌漬《みそづけ》、大根の南蕃《なんばん》漬、切昆布のあえ物などだったが、空腹のためか厚意を深く感じて居たためか、いずれも美味だった。

主人は食卓の側に坐して色々の話をした。

部屋の内にあった雑木《ぞうき》の座床は味よくすすけて、形式も京城附近に見られないものだった。

食事が済むと主人の友人が来て主人を誘い出して行った。後には子供と二人きりになった。

そのうち青年が入って来て、

「私はここへ日本人が来たというから話して見たくて来ました」青年は私にも真似の出来ない九州辺のなまり言葉を巧みに使った。「ここに居て日本人に遇うことは珍らしいです」

「君は日本語がうまいねエ」

「僕は邑内で日本人と交際しましたから」

「ここに居たら日本語を使う折はないだろう」

「使わないと下手になります――僕は貴方《あなた》に質問があります――それはねエ貴方が今日焼物の破片を沢山拾って来たそうですが何にするのですか。今日貴方を案内した子供の話によると、製紙原料になるそうだというので焼物が製紙原料は初耳ですから御聴きしたいのです」

私は直ぐその誤りの因《もと》をかんづいて笑いを禁じ得なかった。それは子供から破片の用途を問われたから研究調査するためだというたら、研究してどうするというから、本を拵《こしら》えるのだと答えたのが焼物が本になる、本は即ち紙だと早合点したものと解った。村第一の新知識の所有者も了解に苦しんで質問に来たのだ。

その問題が解ると青年は帰って行った。

私は疲労したから着たままごろ寝した。

子供は普通学校の日本語の本を持って来て質問したり村のことなど話したりした。そのうちに子供も寝て、二人は一枚の着布団に一緒にくるまったが、子供は体中をカリカリと快よさそうに掻いた。今夜はこの家の人達に厚意を感じているためか虱《しらみ》の心配も気にならなかった。

一睡して主人の帰った物音に覚めた。主人は子供と私の間に割り込んで寝た。木の枕で頭の当る処が痛いので、巻脚絆《ゲートル》をまるめて枕の上に置いて寝たが、時々辷《すべ》り落ちて目があいた。

そのうちに主人が私に抱き附いて腰の辺を軽く叩いた。主人を見ると眠って夢を見て居るらしい、主人はますます抱き寄るので、

「有難う」

というてやったら覚めて布団にもぐってしまった。

六

枕辺《まくらべ》に尿器があったが馴れないので外に出て用を達した。何だか夜明けが近づいたらしいので部屋に戻り主人を起し出立の用意をした。主人はいった、

「ゆっくりして朝飯を食べておいでなさい」と。

しかし私は早く行って邑内を朝七時半に立つ自動車に乗らないと都合が悪かった。

主人は飯代も泊料も取らないといったが、強いて子供に紙でも買うように僅《わずか》ばかりの金を遣《や》って立った。

私も時計を持って居なかったしその家にも時計はなかった。主人は内房の老母を呼んで問うた、

「鶏が鳴きましたか」

「しっかり分らんがまだ鳴かないようだ」と老母は主人の妻にも問うて見て答えた。

主人はまだ早いというて止めたが、馴れない道だからゆっくり歩く方がいいので出掛けることにした。主人は提《さ》げランプに火を点《つ》けて備えてくれた。

「酒幕の辺で明るくなるだろうから、そこに頼んで置いて行けば後日私が行った時貰います」というて親子は門前まで見送ってくれた。

空は何時《いつ》の間にか曇って星も稀だった。

背負って居る嚢の破片が、からから鳴って自分ながら驚いて二、三度立ち止ったりした。

空の明るさはまだ四方大差がなかった。

酒幕の前に来て入口に立って主人を呼んだら、ランプが点いて障子が開いた。狭い部屋に三十格好の女と子供が二人居た。子供らは頭を揃えて寝て居た。女は私の方をよく見てから、

「お入り」

「何か食えるものがありますか」

「濁酒《どぶろく》だけ」

私は飲みたくもないが、夜を明かさなくては困るのでそれを註文した。

女は大きい方の六、七才の子供を起し、小さい方を端の方へ寝せ替えて私の坐る席を空けた。三才位の男の子をアンペラの上に丸裸で寝かし、薄い布団一枚を覆っただけであることを寝せ替える時知った。

見て居る間に酒は漉《こ》されて大きい鉢に注《つ》いで出された。一嘗《ひとな》めしただけだが酢のように酸《す》っぱかった。

私はともかく時間がたてばいいのだ。

女は少しつんぼらしかった。僕の話を子供が中次ぎして大声に伝えて居るので気がついた。青ざめた丸顔で眼が妙に鋭かった。

こんな山中に女が一人子供を連れて居てよく淋しくないものだと思った。子供におとうさんはどうしたと問おうと思ったが遠慮した。

靴を穿《は》いたまま入ってあぐらをかいていた私は眼をつぶって考えるともなくじっとし

て居たが、細く眼を開いて見ると女の眼が気味悪く鋭かった。私は酒代の外に安眠の邪魔をしたための礼を置いてその家を出た。

四、五町も行くと昨日道を尋ねた酒幕の前に来た。窓際に立って暫《しばら》く休ませてくれと頼むと、五十を越えたばかり位の老女が障子を開けてくれた。そこには食物は何もなかった。しかし老女は親切に東が白むまで休んで行くがいいというてくれた。

鶏が鳴いたので外を見たがやはり暗かった。老女の横になってうとうとしたかと思うとまた鶏が鳴いた。

提げランプを老女に托して辞去し歩いて居るうちに、僅かずつ目に見えて明かるくなって行った。

山を越えるのは危険だから安全な道を行けというて老女の教えてくれた道を急いで邑内に着いた時、旭《あさひ》は昨日越えた山城のある山にさして居た。

三月十六日

水落山（三度目）

役所の用で光陵へ出張していたが帰る日の朝考えた。何時《いつ》も同じ道を往復したってつまらない、多年の宿望であった水落山（1）の東側を跋渉《ばっしょう》することをはたしてやろうと。不破君の妻君に巻ずしの弁当を作ってもらい編袋に入れて背負って出た。光陵の森林を縦断する小径《こみち》を下って順康園の前の部落に出た。初秋の林内は何となく淋しかった。三人五人ずつの茸狩《きのこがり》の群を何組も見た。いずれも大きな柳の籠《かご》を背負っていた。問うたらマイ茸《たけ》を採るのだというていた。里に出て見ると色づきかけた田と実をつけた栗の林とが山家の人の幸福を保証しているようの誇り顔に見えた。

野原に牛の番をしている小女や水汲《みずくみ》の女に道を尋ねて柏峴を越えた。別内面に入ってからの山道では草刈の男らによく遇った。遇《あ》う度ごとに窯跡のことを尋ねたが誰も知っていなかった。

国賜山の麓《ふもと》で一休《ひとやすみ》し草刈の子供と話してポケットの底にあったドロップスを呉れて別

れた。その下に小《ちいさ》い部落があって熟しかけた栗の木が見事に出来ていた。家々はひっそりしてただ砧《きぬた》の音が調子よく響いていた。

路傍に生いかぶさっている栗の木に大きいいがが鈴成りについているのがあった。洋傘の柄《え》でたわめて一尺ほどの小枝を一つ折った。無談〔無断〕で取って済まない気もした。叱られたらまが悪いなアということも考えた。二町ばかり行き過ぎてから後から呼ぶ者がある。栗の枝を〔の〕小言を食うのだなと思って少し困った。一体田舎の人はこれ位のことは見のがしにする習慣だのに面倒なことになったものだ。正直に詫《わ》びたらたいしたことでもあるまいと腹をきめて立ち止りふりかえって見ている〔と〕子供が息をはずませて走って来る。叱られるのならこちらから行った方がいいのだがともかく待って見ていた。

近づいて見ると子供は両手に一ぱい焼物の破片を持って居た。それは僕が焼物の破片のある処を尋ねたために何でも破片なら役立つと思って、彼れの家で不用にして捨てたものや隣の墻の辺りを探して集めて来てくれたのだった。一応見たがいいものは一つもなかった。子供の厚意は僅かの菓子のためだったかも知らんにしてもその優しい心を嬉しく思わないではいられなかった。栗の枝のことも安心したので元気になって子供に礼をいってまた別れた。

水落山の東麓に庭石という名の大石がある。ここは以前も来たことのある処。石の側に腰を卸《おろ》して食事をした。

附近の人家に入って煙草《たばこ》の葉を摘んでいた老人に窯跡のことを問い無理に頼んで案内してもらうことにした。一体朝鮮の人は総《すべ》てのこと掛り合いになることを恐れて知らないというのが無難だと考えている場合が多い。また従来は色々の事件に掛り合いになったら随分迷惑を蒙《こうむ》ったものらしい。

僅かの酒代と僕が迷惑をかけない種の人間だということになっとくが出来て案内してくれることになった。水落谷という谷を上って行った。途中で老人が居なくなったので心配して七十何才という高齢でもあり歩けなくなったのかそれとも考え直していやになって逃げてしまったのかと思った。待って見たがやって来ない。引き返したが姿が見えない。叫んで見たら藪《やぶ》の蔭から返事があって「後を見て行く」という。後方にも窯跡があるのだなと思って老人の居る方に行こうとして考えた。朝鮮語の「後を見る」ということが「用便」の代用語であったことを早く思い出したので失礼せずに済んでよかった。

老人はお腹《なか》の具合でも悪いのか途中からやたらに戻りたがったが勧めてとうとう目的

地まで行ってもらった。老人は僕を置き去り〔に〕してとうとう帰って行った。僕には相手が居て急がれるより一人の方がよかった。附近を思う存分歩いて破片のいいのを漁《あさ》った。

地形及《および》破片の種類から考えて窯跡は二ケ処と想定された。いずれも鶴林庵の下の窯に似た三島であるが一方の窯からは青磁も出来たらしい。粉白のものもあった。自分一人きりなので余り多く拾っても持って帰るのに困難するから大概にして今案内してくれた老人の家に引き返した。僕が第一回にこの山に来た時村の人に聴いた記憶に依ってその方面の案内を重ねて頼んだ。老人は思い出したようにそこにも少しはあるというて出掛けた。

それは村の裏の山の尾根で両班《ヤンバン》の墓地のある処。窯は随分大きかったものらしい。焼いたものは二重薬とか無地三島とか粉白とか呼ぶ質のものばかりだった。両班の墓に立って前面を見ると先年この手の窯跡を見た小山はこの墓の安山〔案山〕(2)になっている。この墓の出来る以前に焼かれたことは論をまたない。ともかくこの辺一帯はその頃大きい窯場であったことが想像出来る。

用を済《すま》して停車場は何処《どこ》が一番近いかを老人に問うたら議政府(3)の方がいいという。はじめは倉洞駅に出るつもりだったが、少し疲労も感じたし荷物も殖《ふ》えたし議政府駅前の雑貨屋には金化から買って来た焼物も預けてあるので議政府へ出ることに決めた。蝗《いなご》の飛ぶ田圃《たんぼ》道に子供らの群が雀を追う囃《はや》しをしていた。

北漢山一周

九月廿三日(1)金を連れ手作りのサンドウィッチを携げて七時半出発。

電車で清涼里から義州通まで出て自動車を待った。自動車屋二軒あって互に客を取り合いしている。しかし今日は旧の八月十四日なので郊外に墓参する客が多くてなかなか自動車の順番が廻って来ない。歩いて行っても充分目的地に着けたと思う十一時半になって漸《ようや》く乗れた。もしそれに乗れなかったら今日の企てを中止する覚悟をしてからであった。その覚悟をした時少し腹立ち気味になって自動車屋の主人に談判した。主人の顔がどうも見覚えのある男なので少し考えて居ると先方も同じことを考えて居たらしい。解って見ると去年分院に行く時自動車を雇った鍾路の店が移転したのだということで合点出来た。運転手までがその時の人だった。彼れは「済まなかった〔、〕今度は直《す》ぐ出す」というてこちらの要求を容《い》れてくれた。

旧把撥里で自動車を下り「北漢山麓まで一里」と書いた指導標に従って地図を見なが

ら山に近《ちかづ》いた。途中に女妓所という部落がある。名が妙なので覚えている。村に入ってから酒幕の前に立ってその名の由来を尋ねた。「昔《むか》し大きな沼があってその沼の主《ぬし》は牛であった。その主のために沼に美人が溺れて死んだのでその名が出た。女妓所は後からの当字《あてじ》である」とのことだった。

今日の旅程は北漢山を一周することであるが、主な目的は北麓に沙器里という地名の村があるのでその村について沙器里という名の依って来《きた》った源である窯跡を詮索しようというのだ。

いよいよ沙器里に着いたら村の入口に四、五人の男が立ち話をしていた。窯跡を教えてくれというと「共進会(2)に出すのか」とか「博物館に売るのか」とかいうて居て教えてくれようという人は居ない。説明の仕様がないからただ笑っていたら金君が興奮して説明し出した。「朝鮮の美術工芸研究のためにするのでこの人は大の朝鮮人思いの人だ」と言うたら、一人の男が何だ〔ママ〕「今の世には朝鮮、日本という区別は無いはずだ」と力み出した。理窟が面倒になるのでそのうちの話しの解りそうな男を指定して僕が相談した〔。〕「どうだ君〔、〕理窟は別にしてちょっと案内してくれまいか〔。〕充分のことは出来ないが酒代位は遣《や》る〔。〕お忙しい処を御迷惑だろうがぜひ君に頼みたい」というと、田の水切りにでも行く支度らしくシャブルなど持って居たがそれを持ったまま快く承諾して先きに立った。

道々彼れは語った。沢山の山と田を所有して居ることや今度の共進会にも麦を出品したこと〔、〕東京の震災(3)にも十円寄附したことなど。

最初に見たのは彼れの所有の畑であったがそこは時代の若い白磁の窯跡だった。老姑山の東麓で水のある谷川もあり窯場には適当の処であった。しかし時代が古くないので沙器里の地名を生むためにはまだ他に立派な窯跡がありそうなものだと思って尋ねたらこの谷川の上流にあるという。先頭になってもらってその谷川をさかのぼることにした。

上り上ってとうとう千五百尺の老姑山の頂上に近《ちかづ》いてしまった。こんな上部にはあるまいとは思ったが案内人が勇んで先きに立つので従って見たのだ。それにもしこんなに高い処にもあるものなら珍らし〔い〕記録として参考にもなると思ったからである。有りそうな処を手分けして探したがとうとう見つからなかった。案内の男は気の毒がって走り廻った。そして高い岩の上から草刈の人を呼んで尋ねて居た。

一人「この尾根の後《うしろ》にある」と教えた者があった。案内の男はそこへ行って見ようという。「もし行くのなら見たというその草刈の男にも行ってもらうのでなければ見つからない」と僕が主張したが案内の男は今度こそ大丈夫だと自信のあるらしいことをいうのでまたついて行って失敗してしまった。彼れはますます気の毒がった。僕はかえって気の毒に思った。彼れが少しもいとう色なく野獣の如くに勇ましく山道を走り廻ってくれるだけで嬉しかった。戻り道に山麓の栗畑と墓場のある附近に前《さ》きに登りかけに見たのよりも大きい窯跡を見た。そこには白磁の無地の外に鉄沙《てつしゃ》の簡単な染付をしたものもあった。前きに見た窯の向い合にな〔っ〕ていた。村の附近の栗の木の下で休んで飴屋《あめや》から飴を買《こ》うて食べた。案内の男は栗を落したり村の人に頼んで水を持って来てもらったりしてもてなしの意を示してくれた。彼れは窯跡のことは忘れたように栗や棗《なつめ》を落すことばかり専念した。そして自分達に分けてくれた。金君も栗には興味を持って居た。「時間が迫っているから栗は欲しければ出来ているのを買うようにしたらいい」というと金君曰《いわ》く「こんな山奥に来て栗を買ったら面白くない。勝手に採るとこの木が全部自分の所有のようの気がする」。また案内の男は「俺がこの辺の栗を採るのは誰も文句を言わない。皆自分の親戚のものだから」といいつつ石や棒切れを投げては落して分配した。

もし朝からゆっくり来て子供でも連れてこんなに呑気に終日遊んで見たら面白かろう

とも思った。

そのうちに村はずれの栗林の中に今度こそ古い窯跡が発見された。それは冠岳山の古い窯や道馬里などと同じ手の白磁であった。釉の色といい五徳《ごとく》跡の具合といい同時代のものと推定される。

附近をも更に探したが急いで居るのでとうとう探《さ》がせなかった。

案内の男に御礼をして別れ暮れかかる山道を牛耳洞へ越えることにした。男は「山道は困難だから俺の家に寄って食事でもして朝来た道を帰った方がいい」と勧めてくれたが道連れがあるので勇気を出した。

川を縫う小路を一里半ばかり上って行くと薪を盗みに来た山男が居たが路《みち》は知らなかった。地図もあいにくそれから先きの分がなかった。峠に上った時水落山や仏岩山や倉洞の田圃《たんぼ》も見え出したので安心した。そしてそこには牛耳洞から盗伐に来た若者も二人居て家路につく処だった。それからの途《みち》は分り易かった。山の麓《ふもと》牛耳洞に近いてから金君は栗の枝を欲しがって明日の月見に供えるように二、三枝折った。

牛耳洞から倉洞へ出る途中美しい月を見た。仏岩山の上に出た月を岡の上から見た。清い美しさは特に印象が深い。

駅では二時間余汽車を待った。

月下線路の上で金に将来に関して話した。主に彼れの志望して居る文学の研究に対する態度や彼れの一家をいかに営んで行くかについてである。

汽車はこんで居て清涼里まで立ち通した。支那人の家で食事をして出ると酒幕に居た呉(4)君が僕を見つけた。連中は金(5)、廉(6)、卞(7)、呉の四名だった。

金君を除いて三人とも少し酩酊して居た。日本人と朝鮮人の間の問題や東京の震災に関して気焔《きえん》を上げて居た。僕の意見をも徴して居たが何時《いつ》かもっとゆっくり何処《どこ》かで話すことを約して語ることは扣《ひか》えた。その騒ぎの最中戸外に三人の和服を着た男の影のあるのに気づいた。その男らが僕が支那料理に居た時隣室に来た三人であった。

廉君は僕に朝鮮人の前途をどう思うと質問して腹蔵ない処をいわせなかった〔たがった〕。僕は大道傍でなく相手が酔って居なかったら進んで意見を述べる勇気はあるのだが場合が悪いから何もいわなかった。

呉君は東京の震災の痛快説を自慢顔に述べて居たがいい気持ちはしなかった。も少し彼れが深い人間で深しい考えから災害を神の業として肯定するようなことなら意味を新たにして話したいが弥次《やじ》っているのだからいやになる。金君はただ例の通り謹しみ深くしていた。卞君は余り喋《しゃべ》らずにただよく飲んで居た。酒幕を出て崔の雑貨屋で電車を待つと称して電車の二、三台過ぎる間また呑み出した。そして同じようのことを繰り返し話していた。その時も三つの和服の影は附近にぶらついていた。

四人が電車に乗るのを見てから家に戻った。三つの影は同じ電車に乗り込んだらしかった。

倦怠《けんたい》している朝鮮の青年の心をどうして医《いや》す。あの三つの影は悪化させても医す能力はないだろう。

朝鮮茶碗

朝鮮の飯碗

茶人の高麗《こうらい》茶碗と称するものはその昔は朝鮮の飯碗であった。朝鮮の飯碗には真鍮《しんちゅう》製か磁器または木器の三種がある。真鍮は周鉢《チュパル》と称し冬季の寒い時候の使用に適し、木器は主として僧侶の専用に属し、磁器のものは砂鉢と称し最《もっとも》普通に用うるものである。余談であるが朝鮮では一食一碗である関係上、大形でしかもこれに山盛にする習慣になっている。それだから食事したら幾分でも残すのが礼である。一碗盛り切りであるから、客が食べ終って余さなかったら、主人から見て過不足の度が不明であり、むしろ不足であったかも知れないという懸念が残る。それで充分食べてなお余ったというしるしに余すのである。初めて朝鮮に来た人が飯を余すのは失礼だ位に考えて、無理して食べてかえって失礼した談はよく聞くことである。

食事を済《すま》してその膳を下げて、次に婦人や子供が食事し、最後に僕婢が食べることになっている。決して残飯が廃《すた》るようのことはない。それが習慣であり礼であるから、先きの人が余したのが残物という感じがしない。これらの砂鉢は従来日本に渡って居る茶碗では大振りの方である。

砂鉢の類似品(茶碗の形の類別)

磁器の食器中砂鉢とほぼ同様の用途を有《も》つものにパラキ、パルタンキ、〔タンキ、〕チョンバル、(1)甫児《ポシキ》等がある。パラキは口の開いた浅き碗で、パルタンキは口の締って深い砂鉢で婦女子用の飯碗であり、タンキは汁碗でパルタンキに似てやや浅い。チョンバルはパルタンキを小形にしたようのもので、小児の飯碗に用いられ、甫児《ポシキ》は漬物等を盛るに用いられるいわゆる筒茶碗に似た姿のものである。私は今日まで日本のいわゆる名物茶碗というものを親しく手にとって拝見する機会を有たなかったが、写真や、図録で見たところによると、日本に渡って愛用されて居るいわゆる高麗茶碗というものは、右のいずれかに分類されるものであると思う。

茶碗の撰択

雑品のうちから逸品を撰択《せんたく》した茶人の鑑識には敬服させられる。簡単な飯碗や汁碗、漬物鉢の美を認め、茶碗として採用する時の悦《よろこ》びを想像することが出来る。朝鮮の碗類は元来意識して特に美しく作ろうとか、茶人に悦ばれようとか考えが働いていないだけに、無造作であるから見たところ全部が揃った逸品はやたらあるものでない。佳《よ》いものになると一山に一つか一窯に何個というほどしかない、またそれを探すということも深い興味の一つである。

文禄の役(2)に捕虜の身となった姜沆が、使を得て私《ひそ》かに本国なる宣祖に上言した『看羊録』中に「戦争の一事は奴(3)の長技なり、且《か》つ交兵以来将倭よりして小民に至る迄《まで》我国に往来するもの十の八、九は我国の虚実〔、〕城池の険易《けんい》、土産の事を審《つまびら》かにして流涎染指《りゅうぜんせんし》の心を懐《いだ》かざるなし」と記している。これによるとその頃の日本人が将卒ともに城池の測定や、土産の調査に余念なかった有様が想像される。また土産は即ち各地の物産の意であるが、そのうちでも焼物特に茶碗は調査の目標の主なる一つに数えられたと思う。それは文禄の役が日本の産業に及ぼした影響のうちで、最も著しいのが製陶であった点から考えても推断出来る。往時の我が将卒が流涎染指の情を禁じ得なかった事は、現今朝鮮の田舎を旅行しても同じような悦びを感ずる。その中でも細々ながら昔のままの煙を

五　二　四　一　三

立てている陶磁の窯場を第一に数えることが出来る。

残れる各地の民窯

ここに揚げた五個は現今各地で焼いている飯碗の一種である。

(一)は黄海道鳳山郡の産で少々厚手すぎるが、やや黄味を帯んだ釉薬《うわぐすり》一面に細《こまか》い罅《ひび》が入っている。高台《こうだい》は一帯に砂附きで形はチョンバルに属する。

(二)は咸鏡北道明川郡の産で、素地荒く高台に釉薬を欠き、北鮮に普通ある砂鉢の姿であるが、ここに選んだのは小形に属する。

(三)は全羅北道高敞郡の産、淡き青磁で

目跡やや大きく七つありて質堅くやや重い。

(四)全羅南道谷城郡の産で、黄色を帯んで明るく軟かい感じの釉薬が比較的軽くかかり微《かす》かな罅がある。

(五)平安南道大同の産、砂鉢で近年機械的の手法を伝習したためか、その風に染み姿に味の乏しい点もあるが、青白の地に花やかな御本《ごほん》(4)が出ている。

私は茶のことは不案内であるが、お茶の役にも立ちそうに思える、またこのまま使えないにしても何処《どこ》となく昔日のおもかげが残っているので、適当の刺戟《しげき》を与えて呼び醒《さま》すことも出来そうに思う。また更に方面をかえ無理に御茶でなくても相当の用途があるはずである。私は日常の飯やの汁碗に使っている。これらの器物は本来の役割である食器としても愛好さるべき素質は充分に有っているように思う。

茶碗を買う

以上の如き古い伝統による磁器は、窯場か特定の日の市場以外においては殆んど見ることがないので、普通の旅行者はそれらに遇《あ》うことが極めて稀《まれ》である。それらは普通市街の店舗に陳列されることなく、窯場から出され市の当日だけ売って、残品は次の市日まで宿屋に預けて置くか、または隣の市場へ持ち廻るという次第で、その範囲は実に方十五里から二十里にも及ぶことがある。私は最近南原で挿画(四)の谷城産の碗を売って居るのを見たが、その時の光景を追懐すると、四、五十個の大小碗を自分の前に置きし五十歳前後の男が、市場の片隅に坐って居眠りをしている。そのうちに老婆が来て男を呼び起し、

「一つ何ほどか」

「一つが三銭」

老婆は暫《しばら》くかかって選択した揚句《あげく》、

「三つ五銭で呉れ」

「一文も掛値はない」

というてその交渉は不調に終った。

私も一つ佳いのにありつきたいと側から見て居たところなので、老婆の去った後近づいて三つを選み出し、先ほどからの問答で値段は判明して居たので十銭白銅を渡して、「勝手に選択したから当方から一銭負けて遣《や》る」というと、男は「こんなことは生れて始めてだ」と喜んだ。しかし私も驚かざるを得ない。窯元から七、八里も距《へだ》てた処で、

これだけ立派な碗が選《よ》り取りの三銭とは勿体ない気がする。

沢山ある品物のうちから気に入ったものを選択するということは、工芸を楽しむものの大きい悦びである。朝鮮での買物ではそれは自由の習慣である。選択しても三銭なら選択した残りのものも三銭を一厘《りん》も引かないという式の商《あきな》い振りである。殊に無造作に造られた作品だから自然出来不出来の差が著しい。窯元や市場を訪れることは、旅行者のみ味《あじわ》い得るところの未知の友に遇うような悦びである。

文禄役後日本と朝鮮と修交成り、(5)宗家を中間に立てて古田織部《おりべ》(6)などの指示をうけて、お茶に適合するものを注文するようになってからの作品は、お茶の条件を重んじ計劃《けいかく》的に作っただけに、お茶向ではあり廃品は少ないにしても、雑器から選んだ時のもののような強さとか気軽さとか雅味とかいう点に物足りなさを感ずる。

前記『看羊録』は当時日本人のお茶に対する癖を評して、「倭俗毎年必ず一人を表して天下一となす。一度天下一の手を経れば甚だ粗悪なりと雖《いえど》も甚だ微物と雖も、必ず金銀を以て重く之《これ》を償う。天下一の手を経ざれば甚だ巧妙なりと雖も之を数とせず。縛木、塗壁、蓋瓦《がいが》等の薄技も倶《とも》に天下一あり。甚だしきは書き印、表相、花押《かおう》の末に至る迄《まで》た天下一あり。一度其《そ》の点抹を経、一度其の眄視《べんし》を経れば、輒《すなわ》ち金銀三、四十錠を以て其の価を償う。古田織部なるものあり、毎事天下一と称す。花竹を栽植し茶屋を装造するも必ず黄金百錠を以てす。炭を盛るの破瓢《はひょう》、汲水の木桶も若《も》し題して織部の作といえば更に価を論ぜず。習俗已《すで》に成りて学を識《し》る者或《あるい》は笑うと雖も能《よ》く禁ずることなし」。

けだし或点は適評ともいえそうである。茶道が横道に外れ出したのもこの辺ではあるまいか。

高麗茶碗の渡った時期

日本に渡って高麗茶碗と呼ばれるものの大部分は李朝《りちょう》のものであるということに誰も異存なかろうと思う。高麗国が亡びて李氏が朝鮮を建てても、日本から考えたらば高麗と呼んだ方が便利であったろう。それで比較的古く渡ったと認められている珠光青磁や井戸[7]の茶碗も、その姿から推《お》して李朝初期のものが多いと思う。その頃朝鮮は明《みん》の影響を受けて白磁を上品としていたらしく、『慵斎叢話』に拠れば、「世宗朝御器〔、〕専用白磁〔、〕至世祖〔朝、〕雑用彩磁[8]」とあり。初代の茶人が当時の上品から撰択していないことも想像出来る。前朝首都であった[9]李朝も古い頃の日本支那との交通は開城や京城の関係があって、仁川または江華島附近によるを便利としていたものと考えられ、古地図などについてもその有様を窺知《きち》することが出来る。それで井戸の名の出所についても区々《まちまち》であるようだが、自分は江華島にある井浦という港の地名から起ったのではないかとの一説をここに提出して置く。

（一九三一、三、二九）

朝鮮窯業振興に関する意見

一　朝鮮窯業の現状

我国の窯業《ようぎょう》は古来その影響を朝鮮に受けたものが少なくない。而《しこう》して数百年後の今日においても、かつて朝鮮において作られたる優秀な陶器が保存せられ、窯業家の手本となっている。古《いにしえ》の窯業家は常にこれに近寄らんと努めたけれども能《あた》わなかった。殊に文禄の役後、各藩の朝鮮から連れ帰った陶工が、現今の我窯業地における祖先になっている。然《しか》るに朝鮮においては文禄の役後、かえって衰頽の気運に向い、殊に最近五十年間の作品を見るに、古の窯業国と雲泥の差を生じ、今日においては如何なる山間僻地《へきち》といえども、内地の陶器を使用せざるなきに至った。

この点に鑑《かんが》み窯業の振興を企てたるもの二、三に止まらないが、いずれも失敗に終った。然るに在来の窯業をつぶさに見るに、全鮮にわたり二百に余る窯業所が今なお存在して、僅かに生活の必要上からその業を継続している。それらのうちには素性の好い伝統の流れを汲んでいるものもあり、また優れた原料を恵まれているものが少なくない。朝鮮における窯業の望みは実にこれに懸っている。朝鮮の窯業が現状に立ち到った原因を精査するとともに、これが特長及《およ》び美点について他の追従を許さざるところを見出す事が肝要である。

二　朝鮮窯業の現状に至りたる原因

かつて優秀なる陶器国であった朝鮮の窯業が、現在の如くなった原因について考うるに、大体左の三項目を揚げる事が出来る。

一　為政者が政争のみをこととし、美術工芸に対する理解なく、工芸家を最も低き位置に置き、かくの如き仕事を卑《いやし》みたること。

二　我国が封建の時代において地方的特色を発揮し、組織的発達をなしたるに比し、朝鮮はこの時代を経過せざりしため、近代の組織的科学工業をうけ入れる準備が出来ていざりしこと。

三　古今東西を通じて工芸品の本質的価値の如何《いかん》は、その国運の盛衰を予感的に象徴するものである。朝鮮現時の工芸は、国状の現在に至った予感と見ることが出来る。

以上の三項目はその主なるものであると思うが、これを逆に我国窯業の今日に至りたるを見ると、前述の三項目を左の如くいい得る。

一　為政者が美術工芸に対する相当の理解を以て、御用の工芸家を優遇し、各個人にその本質的能力を発揮せしめ、かつその作品を永く愛好保存したること。

二　各藩においては地方的にその土地において最も適したるものを製作せしめ、遂《つい》にこれが現今の地方的産業の濫觴《らんしょう》をなし、近代の組織的科学工業をうけ入るる準備となりしこと。

三　国運の進展に伴って人民は安定の位置にいてその生業に従事したること。

美術工芸に時代の盛衰が予感的に現わるるものとして考うる時に朝鮮現在の美術工芸が如何なる位置にあるかを思うならば、胆を寒からしむるものがある。もし時代が進運に向いつつあるものとしたら、来るべき朝鮮に先《ま》ず美術工芸が振い興らねばならぬ。而して多くの徒食の徒がこれを理解しかつ作り出すことに依て、組織的訓練が出来、後に地方的特色ある科学工業が興らなければならぬ。これは現今の朝鮮において当然踏むべき一つの階梯《かいてい》だと思う。

三　朝鮮窯業の振興策

朝鮮の窯業を振興せしむるには、前述の原因について極力これが矯正をはかるとともに、積極的に新《あらた》に生み出すことに努力しなくてはならない。即ち為政者が美術工芸に対する愛好と理解とを持つことから出発しなければならない。そして工業の前に工芸が、窯業の前に窯芸が先に立つべきである。そうして封建時代において我国が経過したる経験をたどることが必要である。

前に述べたる如く御用窯の所在地に窯業が興ったように、利益を第二義として本質的にして将来発展の可能性あるものを、小規模に作り出《いだ》さなければならない。これが小数の理解ある人によって認められ愛好さるることに依って、当然生産的工業が続いて振い興るものである。これは最も確実なる指導法である。以上の方針によって左に振興上の要項を挙ぐれば、

一　当事者の選定

事業は結局これに当る人の問題であるから、適任者を選ばなければならない。即ちこれに当る人が最も進んだ前途のある工芸的才能を有する人でなければならない。

二　各地方の特色について厳密なる調査を要する。即ち如何なるものを作り出すが最も適当なるかを知るために、現在の窯について手法、原料、製品等を調査し、それに依って相当に指導改善すること。

三　全鮮にわたって劃一《かくいつ》を避けて、その地方窯の特色を発揮せしむることに努めなければならない。

四　陶工及《および》愛好者をして、如何なるものが本質的にして美しいものであるかということについて、正当なる理解に導くことに努めること。

四　朝鮮に窯芸を起す可能性ありや

従来朝鮮において窯業に志したものの理想は、(イ)高麗《こうらい》焼の復興と(ロ)現在朝鮮人の使用しつつある白磁砂鉢類の移入防圧〔防遏《ぼうあつ》〕とにあった。窯業家の多くは現在においてもかかる意見を有しているらしい。しかしこの意見は何時《いつ》までも成功しないであろう。この方針が成功しないからというと〔て〕、朝鮮に窯芸を起す望みがないと断定することは不可である。前記方針の如き考えは、他の産業においても至難の業で多くは失敗に帰している。何も昔時の高麗窯そのままの物を造り出す必要は何処《どこ》にもない。またそれが復興の真の意味でもないのである。また(ロ)の場合においても、原料、動力、職工等総《すべ》てにおいて不利な位置にある朝鮮で、内地品と競争するが如きは、賢明な策でないことは明かである。同一の点について争うよりは彼れの有していない我が美点を発揮し、特点を有効に利用すべきである。否、むしろ我が特点を以て彼れの弱点を突くことに依って容易に成功すると思う。内地の窯業は行き詰っている。輸出向きの生産に依って命脈を保っているのである。内地に〔お〕ける趣味的需用を充すためには失望されている。これを救済するのは朝鮮である。これに乗じて立つべく朝鮮の窯芸は多くの恵まれた特点を有して居る。(イ)陶工の豊富なること。(ロ)労力の潤沢なること。(ハ)燃料なる赤松材の得易《えやす》きこと。(ニ)各地において往時の伝統を守りつつある陶工を求めることが出来ること等であるが、これらを基礎とした工芸ならば、優に内地の機械工業と両立して盛《さかん》になり得る事と信ずる。

五　実行計画

美術工芸は原則として民衆の需要に添うというだけでは駄目である。美しきものを作り出して、民衆を正しき理解に導くことを常に心掛け、善き意味の流行の源とならなけ

ればならない。従って実行の方法は徹頭徹尾研究的である。仕事を分けて、

一　在来窯の研究及《および》改善。並《ならび》に生産能力の増進。

二　徒弟の養成。

三　一般民衆の趣味涵養《かんよう》。

以上の目的を以て京城に朝鮮窯芸社を置き、専《もっぱ》ら研究製作をなしつつ、先ず地方における特質ある窯場八ケ処を指導し、これらの製品は主に販路を内地に需《もと》めて基礎を確立する。その年次計画は次の通りである。

朝鮮窯芸社年次計画

歳入

	第一年	第二年	第三年	第四年	第五年
補助金	三〇、〇〇〇	二五、〇〇〇	二〇、〇〇〇	一五、〇〇〇	一〇、〇〇〇
生産収入	一〇、〇〇〇	一五、〇〇〇	二〇、〇〇〇	二五、〇〇〇	三〇、〇〇〇

説明

補助金を毎年五千円ずつ逓減《ていげん》し、生産収入を毎年五千円ずつ増加する。

歳出

	俸給	営繕費	事業費
第一年	九、〇〇〇	三、五〇〇	二七、〇〇〇(2)
第二年	九、〇〇〇	三、五〇〇	二七、〇〇〇
第三年	九、〇〇〇	五、〇〇〇	二六、〇〇〇
第四年	九、〇〇〇	五、〇〇〇	二六、〇〇〇
第五年	九、〇〇〇	一〇、〇〇〇	二一、〇〇〇

説明

一　営繕費の初年は職工宿舎並《ならび》に仕事場。第二年は徒弟合宿所並に教室。第三、四年は参考品陳列所。第五年は販売所。

一　事業費の第一、第二年は別紙予算内訳の通りなるも、第三年以後において指導費及び宣伝費を漸次削減する。

一　第三年頃より雑誌の刊行をなす。

朝鮮窯芸社第一年予算

歳入

総額	四〇、〇〇〇
内訳	
補助金	三〇、〇〇〇
生産に依る収入	一〇、〇〇〇

歳出

総額	四〇、〇〇〇

内　訳

俸　給	九、〇〇〇(3)
社長年額	一、二〇〇
技師年額	三、〇〇〇
支配人年額	一、八〇〇
営繕費	三、五〇〇
職工宿舎及《および》仕事場七棟	
事業費	二七、五〇〇
物件費	八、三一五
薪材六窯分	一、八〇〇
陶土及薬料	四、五〇〇
器具及品	二、〇一五
傭人料	六、八五五
職工十二人	五、七六〇
臨時人夫千九十五人	一、〇九五
旅費	三、六〇〇
延《のべ》日数　三百日	
指導費	五、〇〇〇
地方窯指導	
七ケ処五百円ずつ	三、五〇〇

一ヶ処千五百円　一、五〇〇
宣　伝　費　二、〇〇〇
展覧会、講演会、広告等
徒弟養成費　七三〇
徒弟五人の給与
印　刷　費　一、〇〇〇
調査及研究発表

（以上）

朝鮮小女

共進会(1)に二十日余り通《かよ》っている間に看守の朝鮮小女と仲よしになった。僕の姿を見ると集って来る小女らが七、八人あった。彼女らは大抵十五、六才で二十になったものはいなかった。高等普通学校(2)を卒業した者や中途で廃《や》めたものが多いので日本語もよく解っていた。

彼女らは二、三人ずつ集まってよく日本人の女看守や守衛に対する不平を話し合って居た。また実際日本人の態度は僕らから見ても腹の立つようなことが多かった。日本人の女看守は年増《としま》のが多かった。そのためか看守仲間でありながら朝鮮小女を時々叱った。また時に悪くいうて守衛に告げ口したりした。そんな時小女の弁明は多くは無益に終った。小女らは口惜《くや》しがって同志が集ると私語《ささや》き合った。「ヨボ(3)は役に立たない」という定評が通るほどになった。小女同志の話は大体僕には解った。

仲よしになってからはかえって向うから話しかけて来た。不用意な日本人の態度に対し憎悪を感じないでは居られないことが多かった。日本人の女看守は朝鮮小女らに比べて大概年上であるが教育程度は低いらしくお化装〔化粧〕だけよくしても下等な考えの持主が多かった。

或時などこんなことがあった。一人の日本人女看守が事務員の処に来て「妾《わたし》はあんな処を看《み》るのはいやです〔。〕並べてあるものは皆ヨボの物ばかりです。もっと美しい物の陳列してある処に遣《や》って下さい。ヨボが来ては売るかとか何ほどだとか話しかけるのですもの〔、〕いやになってしまいます」。こんな不心得の女が副業〔品〕共進会の看守人だからたまらない。こんな例は珍しくない。一体看守とか守衛とか巡査とか消防とか要するに番人であるがその番人が多すぎる。館内に入って見て感じの悪いったらない。品物つら〔マヽ〕ごたごた並べて置いて泥棒と不逞《ふてい》の徒のために見張をするのだという感じを露骨にして頑張っている。女看守などいうものは一体観覧者のために便宜を計り売約とか簡単な説明とかも心得ているべきは当然であるのに質問されるからうるさいのそれが朝鮮人だからいやだのなんていうのは以ての外のことである。こんな奴どもだから朝鮮小女をいじめるのも不思議はない。

朝鮮の小女らは共進会が済んだら一度清涼里に遊びに来たいといっていた。

僕は共進会へ行く度ごとに彼女らが退屈そうに腰掛けていた椅子から立って笑顔を作って近より来るのを見るのは随分うれしい慰めであった。審査の用務で通っている間も彼女らに会うことと焼物や荒物の陳列棚を見ることは毎日かかさなかった。時々松の実やピースなど遣ると喜んだ。彼女らもソラ豆の煎《い》ったのや生栗などポケットから出して呉れたりした。

僕の目から見たら日本人の威張る理由が不解(4)でならん。

今日夕方三福が京城から〔の〕戻りに共進会に居た朝鮮小女らに会った話しをした。彼女らは五、六人で自動車に乗って清涼里方面から京城に帰って行くところだったと。

僕は思い出した、彼女らが天長節(5)か日曜に清涼里に来るから電車の終点に迎えてくれと頼まれていたのを。今日は美術館(6)の品物の整理や手紙を書くために終日過したのでつい電車通りに出るのをうっかりしてしまった。彼女らは随分尋ね回ったであろうと思うと済まぬことをした気がしてならなかった。しかし役所の運転手が気をきかせて自動車に乗せて送って遣ったものらしいので安心した。彼女らは自動車に乗ることが清涼里に来たかった主な望みでもあったであろう。しかし尼寺(7)の食事でもさせて存分気焔《きえん》を上げさせてやったらなお喜んだり珍らしがったことと思う。

この次共進会をやるなら陳列その他方法上の研究は勿論だが職員の訓練からしてかからなくては駄目だと切に思う。

夜呉、廉、卞の三君来《きた》り音楽会(8)についての打合せをした。

本書に登場する王の在位年間
（日本語読みの五十音順）

英祖	1724－1776	世祖	1455－1468
恭讓王	1389－1392	世宗	1418－1450
恭愍王	1351－1374	宣祖	1567－1608
憲宗	1834－1849	太祖	918－ 943
元宗	1259－1274	太宗	1400－1418
光海君	1608－1623	忠宣王	1308－1313
光宗	949－ 975	忠烈王	1274－1308
純祖	1800－1834	哲宗	1849－1863
正祖	1776－1800	文宗	1046－1083

注

朝鮮の膳

(1) **四友先生**　父方の祖父、小尾伝右衛門《おびでんえもん》。山梨県北巨摩《きたこま》郡の人。四友《しゆう》は俳号。

(2) **清涼里**　京城(今日のソウル)の東にある。浅川巧の職場の林業試験場と住居があった。

(3) **四方棚**　茶席用の棚の一つ。

(4) **文匣**　本書の一二三頁参照。

(5) **柳**　柳宗悦《むねよし》。宗教哲学者。日本における民芸運動の父。

(6) **枘**　木の端を刻んで差し込む栓の部分。

(7) **元山**　京城の北方約百八十キロにあり、東海岸に面している。

(8) **間島**　中国が北朝鮮と接するあたり。今日の延辺朝鮮族自治州。

(9) **パカチ**　朝鮮語で、ひょうたんで作ったひしゃく。

(10) **紅柄**　ふつう「紅殻《べにがら》」または「弁柄《ベンガラ》」と書く。黄みを帯びた赤色の顔料。

(11) **統営**　京城の南南東約三百十キロにあり、南海岸に面している。

(12) **羅州**　京城の南約二百六十キロにあり、かつては全羅南道の中心地。

(13) **海州**　京城の北西約百二十キロにあり、かつては黄海道の中心地。

(14) **西鮮** 西朝鮮を当時このように呼んだ。朝鮮人を「鮮人」と呼んだように差別的な意味があるが、原文の歴史性を考慮し、そのままとした。

(15) **茶山……因也** (日本語訳)【『茶山筆談』によれば、羅州に木物差人と呼ばれた者がいる。将校が兼ねていて、毎年木工品を注文する。将校は、慣例によって十二の島の首長も兼ねる。一年に米・麦六千余石(十五斗を一石とする)の収入があるという。魚・あわび・海草・綿などを問わず、金《かね》を守るためにあちこち廻る。およそ将校が必要とするものには際限がない。他を探しても、賄賂《わいろ》を要求する将校として彼の右に出るものはいない。その地方で工作に使う珍しい材木や木目の良い木や彫刻する費用はすべて将校が持ち去る。そうしたわけで、木工職人たちには何も残らない。哀しいことだ。民衆の膏血《こうけつ》を絞って一人の将校を肥えさせ、工作の費用を横領するのだから、良い牧民官とはいえない】

(16) **康津** 京城の南約三百二十キロにあり、南海岸に面している。高麗《こうらい》時代は青磁の産地。

(17) **高麗朝** 九一八―一三九二年の王朝。

(18) **用漆……可貴** (日本語訳)【器に漆を塗ることはさほど上手ではないが、螺鈿《らでん》を施すこと――「子」は「工」の誤りで、「鄭刻」に同じか――は細密で貴ぶべきだというに足る】

(19) **瓦燈口** 次頁「第二図」の左下参照。前方の下部にあけられた所。

(20) **面を取り** 角を削るなどして平面を作り。

(21) **李朝** 一三九二―一九一〇年の王朝。ただし、一八九七年に国号を大韓帝国と改称。

(22) **隅入** 方形の四隅に少しのくぼみをつけた形。

(23) **眼象**　「げじょう」または「げんじょう」と読む。眼穴。本書の挿絵Ⅰとその解説(五〇—五一頁)を参照。

(24) **輪違**　本書の挿絵XXIとその解説(九〇—九一頁)を参照。

(25) **釈尊……中黒**　(日本語訳)【『釈尊儀』によれば、儀式に使用する俎(膳)は長さが五四・五センチ、幅が二四・二センチ、高さが二五・八センチである。両端が朱塗りになっており、中央が黒漆になっている】

(26) **丹漆……五寸**　(日本語訳)【祭祀《さいし》や饗宴のときに使う、赤い漆を塗った膳は、王宮の官吏が普段に使用するものである。床の上に座り、飲食を膳に載せて食べる。膳の数の多少により尊卑が分かれる。副官が官舎に入れば毎日三食出される。一回の食事には膳が五つ、器はすべて黄金色の漆が塗ってある。膳は長さが九〇・九センチ、幅が六〇・六センチ、高さが七五・八センチである】

(27) **食俎……食之**　(日本語訳)【食事用の膳の決まりは、大きさが同じで、ただ赤いか黒いかの違いがあるだけである。都轄官と提轄官そして上節には、官舎から毎日三食が出されるが、一回の食事には膳が三つずつであり、中節には二つ、下節は五人が小さな膳に連なっていっしょに食事をする】

(28) **館中……羃之**　(日本語訳)【官舎内では、赤い膳の上に茶の道具を並べたあと、赤い布でこれを覆う】

(29) **器皿……黒漆**　(日本語訳)【器には多く金銀を用いるが、青い陶器も混じる。盆と膳はすべて木で作り黒漆を塗る】

(30) **諺文**　朝鮮文字(ハングル)の旧称。日本人は「オンモン」と呼んだ。

(31) **戊戌……一双** (日本語訳)【戊戌の年、慈慶殿の庫《くら》に一対《つい》備え付け】

(32) **丁未……一竹** (日本語訳)【丁未の嘉礼のとき、順和宮の庫《くら》に中小あわせて十個備え付け】

(33) **慶嬪** 「慶」は名、「嬪」は最上級の宮女。

(34) **呉州** ふつう「呉須」と書く。青藍色の顔料。コバルト。

(35) **高台** 茶碗の底に付けられた脚部。

(36) **鍾路** 京城の旧中心街。

(37) **表紙絵** 本文庫版で便宜上四九頁に掲げた膳の写真は、ここに「表紙絵」とあるように底本では表紙絵として掲げられている。

(38) **北鮮** 朝鮮北部のことを当時こう呼んだ。

(39) **Ⅰ** 本文庫版で便宜上五〇—五一頁に掲げたⅠの膳の解説と写真は、底本では巻頭に口絵のような形で掲げられている。

(40) **朝鮮民族美術館** 一九二四年(大正十三年)に柳宗悦や浅川巧らが京城の景福宮内に設立。

(41) **樌** 底本の当該箇所の活字が潰れていて判読し難いが、「樌」に見える。樌《ぬき》とは横木のこと。

(42) **智異山** 京城の南南東約二百四十キロにある。

(43) **鮮語** 朝鮮語のことを当時こう呼んだ。

(44) **『朝鮮陶器名彙』** 一九三一年(昭和六年)に『朝鮮陶磁名考』と題して刊行された。

朝鮮の棚と箪笥類について

（1）埘木　鳥の止まり木。
（2）周衣　朝鮮の外套。ツルマギ。
（3）裳　女性が腰から下にまとう服。チマ。
（4）栲㯗　「とねりこ」の「こぶ」。
（5）面取り　器物のとがった角などを平らに削り取る技法。
（6）華角　牛の角《つの》を細工して彩色したもの。
（7）舎廊房　客間。サランバン。
（8）四君子　梅・菊・蘭・竹。
（9）第二図　底本ではここは「(口絵参照)」となっており、図も別の場所に口絵として第三図とともに掲げられている。
（10）第三図　底本ではここは「(口絵参照)」となっている。前注参照。

窯跡めぐりの一日

（1）一月五日　一九二二年(大正十一年)一月五日。
（2）冠岳山　京城の近郊、南に位置する。
（3）Y　柳宗悦《むねよし》。
（4）一町　約百メートル。
（5）二丈　約六メートル。

(6) **今**　一九二二年。
(7) **北漢山**　京城の近郊、北に位置する。
(8) **岱地**　建物の跡の平地。

窯跡めぐりの旅を終えて

(1) **渡鮮**　朝鮮に渡ることを当時こう表現した。
(2) **今年**　一九二五年(大正十四年)。
(3) **郷里**　山梨県北巨摩《きたこま》郡甲《かぶと》村(現在の高根町)五丁田。
(4) **子供**　娘の園絵《そのえ》。浅川巧は妻みつえを亡くし、園絵を山梨にある亡妻の実家に預けていた。
(5) **小森**　小森忍。陶磁器の研究家。
(6) **鶏龍山**　京城の南約百三十キロに位置する。朝鮮王朝初期の粉青沙器(日本では三島と呼び、さらに三島を「絵三島」などと分類して呼んでいる)の窯跡でも有名。
(7) **家兄**　兄の伯教《のりたか》。陶磁史の研究家。収集家・鑑定家としても有名だった。
(8) **末松**　末松熊彦。一九一四年(大正三年)に康津の窯跡を発見した。
(9) **大田**　鶏龍山の東に位置する。
(10) **瓮**　甕《かめ》。
(11) **酒幕**　一杯飲み屋。
(12) **中尾**　中尾万三。著書に『朝鮮高麗陶磁考』がある。

(13) **躔**　底本では活字が潰れて判読し難いが、「躔」と判断した。「廛《てん》」と同じで、意味は店。

(14) **靮**　ふつう「ゆぎ」と読み、「靫」(矢を入れる器具)に同じだが、浅川巧はこれを「さや」と読ませ、「匣《さや》」(匣鉢・鞘とも書く)の意味で使っているようである。匣は、高級品を焼くときに直火を避けたり、ほこりをかぶらないようにしたりするために使う道具。

(15) **各党**　各人。

(16) **浄水寺**　「廃頽の局に達し実に目も当てられぬ有様」とあるが、現在は立派に再建されている。

(17) **制作……尤佳**　(日本語訳)【作り方が優れ、色沢も良い】

(18) **狻猊……翡色**　(日本語訳)【獅子で飾った香炉も翡色《ひしょく》】

窯跡めぐり〔の旅〕を終えて (2)

(1) **斎室**　祭祀を行なう建物。

(2) **陶尊……云々**　(日本語訳)【陶磁器の色の青い物を尊び、高麗人はこれを翡色《ひしょく》と言っている。近年、作り方が優れ、などなど】

(3) **皆窃……制度**　(日本語訳)【皆、ひそかに定器の形に倣っている】

(4) **則越……相類**　(日本語訳)【越州の古秘色は、汝州の新窯器とだいたい同じである】

(5) **六甲**　干支。

(6) **南鮮**　南朝鮮を当時こう呼んだ。

(7) **小田内**　小田内通敏。民俗学者。

（8）**元宗……内地**　（日本語訳）【元宗のとき懐州となり、忠宣王のとき再び今の名〔長興府〕に改めた。のち倭寇によって廃墟となり、その地の人々は内陸に移った】

（9）**普通学校**　朝鮮人の小学校。

分院窯跡考

（1）**分院**　京城の東約三十五キロ。現在は広州市に属する。

（2）**道光五年**　一八二五年。

（3）**外方……賜物**　（日本語訳）【ほかの各道でも陶磁器を作るところは多いが、高霊で作る物がもっとも巧とされている。しかし、広州で作られるもののすばらしさには及ばない。毎年、司饔院が役人を派遣する。〔慶安川の〕左右の窯を分担し、それぞれ画員を連れて行く。春から秋にかけて製作を監督し、すばらしいものがあれば、役所がそれを記録し評価して優れた者に賞を賜《たま》う】

（4）**毎歳……之器**　（日本語訳）【毎年、司饔院の役人が画員を連れて行き、御用の器の製作を監督する】

（5）**昨年**　一九二六年（大正十五年・昭和元年）。

（6）**小川……迷津**　（日本語訳）【小川が州の東三十里〔朝鮮里なので約十二キロ〕にあって、渡迷津で漢江に流れ込む】

（7）**昭川……七里**　（日本語訳）【昭川、またの名を牛川、『輿地勝覧』は小川、東二十七里〔約十一キロ〕にあるとしている】

（8）**至如……白土**　（日本語訳）【磁器はすべて白土を用いた】

（9）**回青**　コバルト青色顔料。「回々青」ともいう。

（10）**至世……無異**　（日本語訳）【世祖朝に至っていろいろな彩磁を用いた。回々青を中国に求めており、染付けの酒樽・さかずきは中国と異なるところがない】

（11）**乾隆代**　清の乾隆帝（高宗）の治世。一七三六―一七九五年。

（12）**掌諸……等事**　（日本語訳）【諸官の館に、二種以上の酒と、倭人や少数民族から贈られた織物を献上することなどを司る】

（13）**大闕**　宮殿。

（14）**世宗……白磁**　（日本語訳）【世宗朝の御器にはもっぱら白磁を用いた】

（15）**樽罍**　酒樽。

（16）**盃觴**　さかずき。

（17）**水簸**　粉末の微細な陶土を調製する工程。

（18）**紅鞊**　赤い革で出来た鞍《くら》の飾り。

（19）**万暦**　明《みん》の神宗朝の年号。一五七三―一六一九年。

（20）**拿処**　逮捕。

（21）**楪**　皿。

（22）**甫児**　ポシキ。本書二六二頁参照。

（23）**「日本の……ない」**　『柳宗悦全集』第八巻（筑摩書房、一九八〇年）の当該箇所は以下の通り。「日本の焼物のうち「上手物《じようてもの》」の代表はいわゆる「お庭焼」とか「お国焼」とか呼ばれるものであろう。藩の守護による官窯である。だが私はかつてそれらのものの中に真に美しい作を見た事がない」。

(24) **拉坏** 陶車の上で坏を造る操作。

(25) **両班** 支配階級。

金　海

(1) **金海郡** 釜山の西隣に位置する。陶磁器の一種「金海」の産地だった。

(2) **邑内** 村の中心。

水落山(三度目)

(1) **水落山** 京城駅の北東約二十キロに位置する。

(2) **案山** 家などに相対する山。

(3) **議政府** 現在の議政府市で、京城の北東に隣接する。

北漢山一周

(1) **九月廿三日** 一九二三年(大正十二年)九月二十三日。

(2) **共進会** 副業品共進会。一九二三年九月に開かれた。本書七二頁参照。

(3) **東京の震災** 一九二三年の関東大震災。流言蜚語《ひご》が流れ、朝鮮人が虐殺された。

(4) **呉**　呉相淳《オサンスン》。文学結社「廃墟社」の同人。詩人。
(5) **金**　金万洙《キムマンス》。「廃墟社」の同人。哲学者。
(6) **廉**　廉尚燮《ヨムサンソプ》。「廃墟社」の同人。新聞記者、後に作家。
(7) **卞**　卞栄魯《ピョンヨンノ》。「廃墟社」の同人。詩人。

朝鮮茶碗

(1) **チョンバル**　本書二六四頁の写真の一参照。
(2) **文禄の役**　一五九二年の豊臣秀吉の朝鮮出兵。
(3) **奴**　日本人。
(4) **御本**　赤みを帯びた斑紋。
(5) **宗**　対馬《つしま》の藩主。
(6) **古田織部**　安土桃山時代の茶人。
(7) **井戸**　茶碗の一種。多くの茶人によってもっとも尊ばれた。
(8) **世宗……彩磁**　「分院窯跡考」の注(10)と(14)を参照。
(9) **前朝首都であった**　この部分は、同じ行の「開城」の前にあるのが正しいだろう。

朝鮮窯業振興に関する意見

(1) **現今**　一九二六〜二七年(昭和一〜二年)ごろを指すと思われる。

（2）**二七、〇〇〇**　後出の「朝鮮窯芸社第一年予算」によると事業費は二七、五〇〇円であるが、底本のままとした。

（3）**九、〇〇〇**　社長年額（一、二〇〇円）と技師年額（三、〇〇〇円）と支配人年額（一、八〇〇円）を合計すると六、〇〇〇円となるが、底本のままとした。

朝鮮小女

（1）**共進会**　「北漢山一周」の注（2）参照。

（2）**高等普通学校**　朝鮮人の中学校・女学校。

（3）**ヨボ**　朝鮮人に対する蔑称。

（4）**解**　遺稿の字は判読し難いが、「解」の俗字の「觧」と考え、「解」とした。

（5）**天長節**　天皇誕生日。当時は八月三十一日。

（6）**美術館**　朝鮮民族美術館。

（7）**尼寺**　清涼寺。浅川巧の家のすぐ裏にあり、巧がしばしば訪れた。

（8）**音楽会**　声楽家であった柳宗悦《むねよし》夫人・兼子《かねこ》の音楽会。朝鮮民族美術館設立の資金を集めるために京城で音楽会を計画した。浅川巧らはその準備にあたった。

解　説

一

浅川巧《たくみ》は、一八九一年（明治二十四年）に山梨県で生まれ、一九三一年（昭和六年）に朝鮮で没した。本職であった林業技手（技師の下の職位）として多くの本と論文を書いて朝鮮の緑化に貢献したほか、民芸運動を展開し、朝鮮の民芸に関するいくつかの本と論文を残した。民芸運動の父・柳宗悦《むねよし》が浅川巧を尊重したこともあって、生前はそれなりに注目されていたが、若くして亡くなったため、いったんは歴史に埋もれた人である。

しかし、浅川巧の代表作である『朝鮮の膳』と『朝鮮陶磁名考』は、木工芸関係者や陶芸関係者の間では、その後も名著として珍重され続けた。そして、一九七八年に八潮書店から、この二冊と新たに編まれた『浅川巧 小品集』の一冊を加えた『浅川巧著作集』（以下『著作集』と略す）が刊行された。

そうした浅川巧が、二冊の本によってというよりは、その生き様によって多くの人に知られるようになったのは、一九八二年に拙著『朝鮮の土となった日本人――浅川巧の生涯』(草風館)が出版されてからであろう。この本は韓国でも翻訳され、韓国人に改めて浅川巧のような日本人もいたことを知らせた。ソウルでは「浅川巧について」と題するセミナーが開催されたこともある。

一九九六年には草風館から新たに浅川巧の日記や書簡なども収録した『浅川巧全集』(以下『全集』と略す)が出版された。また同年、韓国でも『朝鮮の膳』と『朝鮮陶磁名考』が合本で翻訳・出版された。

こうして浅川巧は少しずつ知られるようになり、いくつかの百科事典や人名辞典にもその名が掲載されるようになり、研究の対象にもなった。一九九七年には『芸術新潮』が浅川巧と、その兄で朝鮮陶磁史研究家の伯教《のりたか》について特集し、NHK教育テレビが「新日曜美術館」で浅川巧を取り上げたこともある。最近では韓国からの留学生・李尚《イサン》珍《ジン》が「浅川巧――その異文化理解モデルの今日的意義」(お茶の水女子大学大学院人間文化研究科『人間文化論叢』第五巻、二〇〇三年、所収)を発表している。

東京帝国大学を卒業し、多くの書を著し、思想家として歴史教科書にも取り上げられる柳宗悦の代表作は、すでに岩波文庫にも収録されている。そうした柳宗悦とは違って、地方の農林学校しか出ていない市井人《しせい》・浅川巧の著書と論文が、今回岩波文庫に加えられることになったのは、彼の、思想というよりも生き様が深い感銘を与えるその論集が読者に要求されるようになってきたことの現れであろう。

そうした浅川巧の生涯については、簡単には本書巻末の「略年譜」に、詳しくは拙著『朝鮮の土となった日本人』に譲ることにして、本書に収録された本と論文、そしてそれ以外の本と論文に見られる浅川巧の朝鮮工芸論・林業論・人生論などについて述べ、それらが渾然一体となっている浅川巧の魅力について述べることにする。本書の表題は『朝鮮民芸論集』となっているが、読者は、人間の生き方や日本の朝鮮植民地支配についても考えさせられるであろう。

二

日本が韓国を併合したのは、一九一〇年(明治四十三年)のことであった。ちょうどこのころ、彫刻を志していた兄の伯教が甲府で朝鮮の陶磁器と出合った。キリスト教会の仲間が朝鮮から持ち帰った陶磁器を見て、その美しさにひきつけられたのである。当時の日本人は、朝鮮のものといえば何でも、遅れたもの、中国の亜流と見ていた。そうしたときに伯教は朝鮮の陶磁器に朝鮮独自の美を見出し、ついには朝鮮の美術工芸に親しむために、一九一三年(大正二年)朝鮮へ渡った。そこには、個性や芸術を尊重し、思い立ったらすぐに行動に移す伯教の姿勢を見ることができる。兄を慕う弟の巧はその翌年に朝鮮へ渡って、朝鮮総督府山林課に就職している。

ところで、朝鮮の陶磁器といえば、高麗時代(九一八―一三九二年)は青磁、朝鮮時代(一三九二―一九一〇年。一八九七年には国号を大韓帝国と改称。日本では李朝時代と言われている)初期は粉青沙器(日本でいう三島や鶏龍山などの総称)、中期以降は白磁で代表される。そして、青磁の色の美しさと優雅さは、高麗当時から世界的に賞賛の的となっていた。そういうわけで、せっかく朝鮮に渡ってきた伯教であったが、骨董屋で青磁を見つけても、高くて手が出なかった。

そうしたときに伯教は白磁の壺と出合った。骨董屋も、そのほかの日本人も、いまだ白磁の美しさには気づいていなかった。まもなく伯教は柳宗悦を訪問した。柳の家に保管されていたロダンの彫刻を見るためであった。そのとき伯教が土産に持っていった朝鮮白磁の壺の美しさが柳に朝鮮の陶磁器に対する関心を芽生えさせた。そして民芸運動の出発点に立たせたのである。

一九一六年九月、柳が朝鮮に来て巧の家に泊まった。そして、巧が集めていた民芸品のすばらしさに目を開かされた。その後、柳は、巧の人柄の良さとその目の確かさを尊重するようになり、巧こそ自分のもっとも尊敬する友人だ、と公言するようになった。

柳は一九二〇年に再び朝鮮を訪れた。このとき伯教が所蔵していた青花辰砂蓮華文壺《せいかしんしや》(口絵参照)の美しさにうたれた柳は、巧と図って、こうした優れた朝鮮の美術工芸品を保存するために、朝鮮民族美術館を設立する運動を起こした。これを東京にではなく京城(現在のソウル)に設立し、「朝鮮美術館」ではなく「朝鮮民族美術館」としたところに、柳と巧の思想が現れている。彼らは民族の美を尊重したのである。朝鮮民族美術館は一九二四年、朝鮮王朝の旧王宮・景福宮の中に設立された。一方で柳は、朝鮮美術工芸の美を文字にとどめるために『朝鮮とその芸術』(一九二二年)などの本を書いた。

三

浅川巧は、本書の「略年譜」に見られるように、もともと緻密な林業関係の調査報告あるいは研究論文を書く力量を持っていた。そうした巧がいつまでも美術工芸品を収集し、柳宗悦に情報を提供するだけにとどまるはずはなかった。柳の勧めによって、自ら紀行文さらには研究論文を書き、それらを発表するようになったのは、ごく自然なことであった。以下、本書に収録された単行本・論文・随筆について、推定される執筆順に解説・解題する。

陶磁器を焼いた昔の窯跡を踏査し、陶磁器の破片を拾い集めて、陶磁器の歴史を明らかにしようとした先駆者は、浅川巧とその兄伯教である。彼らは一九二二年にその作業を始めている。その報告が本書に収録された各論文・随筆である。

「窯跡めぐりの一日」は浅川巧が朝鮮工芸について書いた最初の論文、というより紀行文である。『白樺』一九二二年九月号に発表され、『著作集』と『全集』に収録された。この種の文章としてはもっとも初期のものに属する。柳宗悦たちと京城近郊の冠岳山の窯跡をめぐった紀行文である。窯跡についての記述とともに、日本の植民地支配の苛酷さと巧たちに対して示された朝鮮人の厚意についての叙述が印象に残る。

この前後に書かれた巧の日記(『全集』に収録)を見ると、朝鮮総督府が朝鮮神宮を建設することや、朝鮮王宮の正門である光化門を破壊して朝鮮総督府の新しい庁舎を建設する計画を批判している。同志である柳の論文「失われんとする一朝鮮建築のために」は光化門を破壊しようとする朝鮮総督府を激しく批判したものであるが、巧の気持ちを代弁するものでもあった。

「朝鮮小女」は一九二三年九月に書いた随筆で、日記とともに残された遺稿である。『全集』に収録された。在朝日本人の朝鮮人少女に対する差別的態度を批判したものである。副業品共進会の「審査の用務で通っている間も彼女らに会うことと焼物や荒物の陳列棚を見ることは毎日かかさなかった」というところに浅川巧の目の届け先が現れている。巧は焼物や荒物を楽しんだり研究したりするだけでなく、朝鮮人との交流を大事にしたのである。ここが、普通の陶磁器研究者とは違う点である。

また、本書には収められていないが、同じころに書かれた「副業〈品〉共進会」(『全集』に収録)では、朝鮮固有の産物を大事にしないで日本の産物の真似を勧める副業品共進会を批判している。

「水落山(三度目)」も遺稿で、『全集』に収録された。同じ時期に書かれた窯跡めぐりの紀行文である。陶磁器の破片を集めて持ってきてくれた朝鮮の子供の行為に対する感謝の念には、浅川巧の人柄の良さが現れている。

「北漢山一周」も遺稿で、『全集』に収録された。一九二三年九月二十三日の北漢山の窯跡めぐりの紀行文である。これまで朝鮮人が自由に行き来していた山への立ち入りを朝鮮総督府によって禁止されたため、やむなく「薪を盗み」「盗伐」を行なう朝鮮人の姿が描かれている。そして、文学結社「廃墟社」の同人で柳宗悦とも親しんだ金万洙《キムマンス》(哲学者)・廉尚燮《ヨムサンソプ》(後の作家廉想渉)・卞栄魯《ピョンヨンノ》(詩人)・呉相淳《オサンスン》(詩人)たちを監視する「三つの影」に対する批判は、そのまま日本の朝鮮植民地支配に対する批判である。

「窯跡めぐりの旅を終えて」「窯跡めぐり(の旅)を終えて(2)」は、それぞれ『アトリエ』一九二五年四月号、五月号に発表され、『著作集』と『全集』に収録された。一九二四年の暮れから二五年の正月にかけて、兄伯教らと、三島や鶏龍山(韓国では粉青沙器という)の窯跡で知られる鶏龍山と、青磁の窯跡で知られる康津をめぐった紀行文である。

それまでと違って、現地踏査の前に下調べをし、文章にするにあたっては文献を使った、一段と水準の高い紀行文である。調査も綿密になり、後進のために地図も描き残している(地図は未発表。遺稿の中にあるが、不鮮明で印刷に付することができなかった。本書に付した地図(一四五頁と一六三頁)はそれらと他の地図とを参考にして高崎が作成した)。日本の朝鮮植民地支配に対する批判が散見される点は浅川巧の他の紀行文と同じであり、ほかの人が書いた紀行文と違う点である。宿で「この辺に理想郷を創設し昔のような窯業を興すということから産業、教育などまで理想的に計画しよう」などと話し合ったという記述からは、巧らの理想主義的な面がうかがえる。また、青磁の破片のよいものを利用して帯止めやカフスボタンをこしらえ、人びとの「生活を豊かにする」ことを考えたというところには、実践的な姿勢が読み取れる。

とりわけ実践的な姿勢によって書かれた論文に「朝鮮窯業振興に関する意見」がある。これは、一九二六〜二七年ごろに執筆された遺稿である。没後、『工芸』一九三一年七月号に発表され、『著作集』と『全集』に収録された。林業技手として永年、養苗に携わり、その結果を論文にまとめてきた経験を生かして、「朝鮮窯業の現状に至りたる原因」を分析し、「朝鮮窯業の振興策」を提言するなど、勘所を押さえた研究論文である。「美術工芸に時代の盛衰が予感的に現わるる」という認識、「我が特点を以て彼れの弱点を突く」という思想は、窯業の振興を通して朝鮮の独立へ至る道を拓くことを暗示したものである。

「分院窯跡考」は『大調和』一九二七年十二月号に発表され、『著作集』と『全集』に収録された。文献に当たったうえで、分院の歴史は「文献にも余り残って居ない。ただ窯跡に棄てられた破片だけが陶工らの書き残した最《もっとも》確実な史策である」と、数年間に亘って続けてきた窯跡めぐりの意義についての自負を語っている。そして、「陶工らが規則を忘れて自由に手を伸ばして作ったものにのみ美しい作がある」というのは浅川巧の信念であった。この論文は分院窯跡について書かれた初めての論文である。

「金海」は、一九二八年ごろに執筆された遺稿である。浅川巧の三周忌を記念して発行された『工芸』一九三四年三月号に発表された。『著作集』と『全集』に収録されている。釜山の西隣にある金海は、かつて「金海」の銘を刻んだ皿やその地方独自の特色をもつ陶磁器の産地であった。巧はその窯跡を探して紹介したのである。それを含めて、たくさんあったはずの金海窯の跡はいまではまったく埋もれてしまっている。なお、巧に対して示された朝鮮人の厚意についてのエピソードを記録していることは、読む者の心を温めてくれる、巧の文章の変わらぬ魅力である。

四

林業技手であった浅川巧は、温かみのある木工品も好きだった。食事に使う膳について研究し、一九二九年三月に工政会出版部から民芸叢書の第三篇として『朝鮮の膳』を出版した。『著作集』と『全集』に収録されている。巧は序で「これに記すところは系統的の研究とか、論拠の整然とした考証とかいう種類のものでなく、朝鮮の人達との長い間の交際が生んだ極めて通俗的の叙述に過ぎない」と謙遜している。しかし、日本においては言うまでもなく、韓国においてさえ、いまだにこれを超える研究書はないというのが現状である。

この本には浅川巧の工芸観がもっともよく現れている。「朝鮮の膳は淳美端正の姿を有《も》ちながらよく吾人の日常生活に親しく仕え、年と共に雅味を増すのだから正しき工芸の代表とも称すべきものである」という一節や、「膳には余り支那の影響を受けていないようにも思える」というような記述である。「膳の用材」についての記述は実に詳しいが、巧が林業技手であったことを思えば驚くにはあたらない。

なお、柳宗悦の跋にもあるように、「挿絵に入れた膳の大部分は実に君と僕とが「朝鮮民族美術館」のために集めたものだった」というところに注目すべきであろう。二人は「朝鮮のものは朝鮮の風土の中で保存する」という原則に忠実な人たちだったのである。そのおかげで、挿絵にある膳のうちのいくつかは、今日も韓国国立中央博物館で見ることができる。

木工芸関係の論文としては、一九三〇年二月号の『帝国工芸』に発表され『著作集』

と『全集』に収録された「朝鮮の棚と簞笥類について」がある。「朝鮮の人達が古雅、堅牢、至便なそれらの型を捨てたことは非常な損失と考えられ心から惜しく思う」という思いがこの論文を書かせた。ここで浅川巧は、朝鮮の棚と簞笥類の特徴として「屈託のない呑気な仕事」ぶりを指摘し、それに「親しみ」を表している。最近日本でパンダジ(半多只)が好評なのもそうした理由からであろう。

一九三一年三月、死に至る病の床で書かれた絶筆が「朝鮮茶碗」である。没した翌月の『工芸』一九三一年五月号に発表され、『著作集』と『全集』に収録された。「高麗茶碗」は「飯碗であった」と書いているが、これに対しては今日、異議を唱える者もいる(例えば、金巴望《キムパマン》。高麗茶碗研究会編『高麗茶碗——論考と資料』河原書房、二〇〇三年、参照)。井戸茶碗の名の出所は江華島の井浦という説を提出しているが、これについては、今日も定説がない。

没後、一九三一年九月に『朝鮮陶磁名考』という本が出版された。名著として名高く、『著作集』と『全集』に収録された。これは、陶磁器関係の朝鮮語について調査したものである。浅川巧は、こんなことを調べた理由をこう書いている。「作品に近づいて民族の生活を知り、時代の気分を読むというような目的にあっては、先《ま》ず第一に器物本来の正しき名称と用途を知って置く必要があると思う」。巧という人は、人間はもちろん、器物に対してさえ、このような考え方で親しんだのだった。なお、この本は少し専門的にすぎるので、本書には収録しなかった。

五

朝鮮総督府山林課に就職した浅川巧は、林業試験所(後に林業試験場と改称)で苗を育てた。そして、「チョウセンカラマツの養苗成功を報ず」などの論文を発表した。当時、木の苗を育てるということは、あまり行なわれていなかったようである。一九一九年には、『朝鮮巨樹老樹名木誌』『樹苗養成指針・第一号』という本も出版している。

巧は、禿山への植林や砂防(土砂崩れ防止)を、それに向く木を植えることで解決しようとした。適当な木として萩に注目し、「萩の種類」(『全集』に収録)という論文を発表している。

一九二二年当時の日記には、製紙会社は木を伐るばかりで木を植えないと批判しているところがある。今日の言葉で言うと、持続的開発を主張していたのである。

浅川巧の林業上の最大の功績は、露天埋蔵法を発見したことである。露天に植物の種子を埋蔵しておくと発芽が早くなることを発見して、それを「苗圃《びょうほ》担当の友に贈る」(『全集』に収録)という論文に発表した。

一九二六年には、林業関係の論文を三本も発表している。「主要林木種子ノ発芽促進ニ関スル実験(第二回報告)」「朝鮮産主要樹林ノ分布及《および》適地」「苗圃肥料としての堆肥についてて」の三本である。巧は学者になれるだけの充分な力を持っていた。しかし、木の苗を実際に育てるのが好きで、技手に甘んじた。

浅川巧の思想、あるいは人生に対する知恵がよく現れているのは「禿山の利用問題について」(『全集』に収録)という論文である。巧はこう書いている。「「禍を変じて福となす」ということは古来聖人賢者の生きて来た道であった。禍を禍として正面から思い詰めるとき吾人の進退はただ谷《きわ》まってしまうのみである。しかるに立脚地を更《か》えて考え直すとき、堪え難いほどの苦しみも悦《よろこ》びに蘇るものである。これは一つの例外もなしにすべてのことに当て嵌《は》まることと思う」。

没後に刊行された林業関係著書には、『主要樹苗ニ対スル肥料三要素試験』がある。なお、浅川巧の林業上の業績については、林業関係者によって、「林業技術者としての浅川巧」というような研究論文も書かれている。

六

青年期の浅川巧の思想がよく現れている手紙の一節を紹介しよう。「世界は出来るだけ広くしてゆっくり住むに限る。牧師にもなりたくない。画家にも小説家にも詩人にも百姓にも商人にも大工にも遊人にもなりたくない。しかし随時説教もする、描きたい時は画も描く、逆上して来たら詩人の真似もする、食えなくなったら商人にもなる、百姓もしたり、大工桶屋《おけや》の仕事もやって見たい」。

当時の巧は、キリスト教の信者で、愛読書はトルストイだった。巧の人道主義的な生き様は、村の庄屋であった父方の祖父と、医者であった母方の祖父以外に、キリスト、トルストイの影響もあったようである。

一九一九年(大正八年)に朝鮮で三・一独立運動が起こった。独立を求める朝鮮人たちは朝鮮にいる日本人を憎んでいたが、浅川巧は例外だった。巧は、日本人の一人として朝鮮に住むことをすまないことだと思っていたし、自分が朝鮮にいることがいつか朝鮮のためになるよう心がけていた。そうした生き方が朝鮮人にも理解されていたからである。

このとき、同志の柳宗悦は「朝鮮人を想う」という論文を発表して、朝鮮人の独立運動を支持し、日本の弾圧に抗議した。そして、それを読んだ朝鮮の青年知識人は柳を朝鮮の友として歓迎した。巧はそうした柳を通して朝鮮の知識人とも親しくなった。「北漢山一周」に出てきた金万洙・卞栄魯・廉尚燮・呉相淳たちである。

妻のみつえが病気で亡くなった後、巧は一軒の大きな家を借りて日本人の友人と合宿し、朝鮮人夫婦の管理人を雇った。そのとき一番いい部屋は朝鮮人の管理人に提供している。また、朝鮮人同僚の家族とも親しく交流していたことが、残された日記に書かれている。貧しい朝鮮人同僚の子弟には学資を援助してやってもいたようである。近くの尼寺・清涼寺にもしばしば通い、尼僧たちとも仲良くなっていた。

一九二三年(大正十二年)九月、関東大震災が起こった。そのとき朝鮮人が井戸に毒を投げ込んでいるなどという流言が飛び、正気を失った日本人が朝鮮人を虐殺した。そのニュースを聞いた巧は、朝鮮人を疑って虐殺した日本人が悪いと批判している。朝鮮人がそんなことをするはずがない、と日記に書いたところに巧の朝鮮人に対する信頼感が現れている。

付け加えれば、『朝鮮の膳』の序には、「その日常生活に私を近づけ、見聞の機会を与え、私の問に親切に答えてくれた朝鮮の友、数えきれないほど多数の方々を一括してここに謝意を表し、なお親しみの一層加えらるることを希《ねが》って歇《や》まぬ」と書かれている。浅川巧の魅力はこうした朝鮮人観を書けるところにもある。「何仕事でも終生倦《う》まずに働き通せたらその人は幸福だと思う」というような人生観にも共感するところが多い。

一九三一年(昭和六年)四月、浅川巧は肺炎をこじらせて没した。葬式に参列したのは、日本人だけではなかった。日ごろ、巧と親しんでいた周囲七カ村の朝鮮人が集まって盛大に大きな棺を担いだ。そして、朝鮮式に埋葬した。

京城帝国大学教授で、随筆家としても知られた安倍能成《あべよししげ》は、巧と五年足らずではあったが付き合った。そして、巧が死んだとき、「浅川巧さんを惜《おし》む」という追悼文を発表した。この文章は、安倍の随筆集である『青丘雑記《せいきゆうざつき》』(岩波書店、一九三二年)や『槿域抄《きんいきしよう》』(斎藤書店、一九四七年)に収められて、多くの人に愛読された。「浅川巧さんを惜む」は、後に「人間の価値」という題のもとに書き直され、旧制中学校の国語の教科書に掲載された。安倍はこう書いている。「巧さんは私の最も尊敬する、そうして最も好愛する友人であった。〔中略〕巧さんのような正しい、義務を重んずる、人を畏《おそ》れずして神のみを畏れた、独立自由な、しかも頭脳の勝《すぐ》れて鑑賞力に富んだ人は、実に有難き人である」。

柳も、「浅川が死んだ。取り返しのつかない損失である。あんなに朝鮮の事を内から分っていた人を私は他に知らない。ほんとうに朝鮮を愛し朝鮮人を愛した。そうしてほんとうに朝鮮人からも愛されたのである」と書いた。

洪淳赫《ホンスンヒョク》は「浅川巧著『朝鮮の膳』を読んで」という文章を『東亜日報』に発表して浅川巧を追悼した。日本統治下の朝鮮で、朝鮮人が日本人に対する追悼文を朝鮮語の新聞に発表したという例を私は他に知らない。

一周忌に墓碑が建てられた。兄・伯教が、生前巧が愛した秋草の面取り壺をかたどって製作した。この墓碑は今もソウル郊外の忘憂里《マンウリ》公園墓地の浅川巧の墓に残っている。そして、かつて巧が勤めていた林業試験場の後輩たちが守ってくれている。今では日本からこの墓を訪れる人も多い。

前述したように、三周忌には雑誌『工芸』一九三四年三月号が浅川巧記念号として発行された。それには、本書に収録した巧の遺稿「金海」のほか、「朝鮮の漬物」が発表された。なお、同誌には、当時、広島高等師範学校の学生で、戦後、ソウル市の教育長になった崔福鉉《チエプッキヨン》が、「浅川先生の想出」という文章で、朝鮮のことをほんとうによく知っていた巧を回想している。

七

最後に、浅川巧について書かれた代表的な文章と、巧をめぐる日韓の主な動きを紹介しよう。

山梨県出身の作家・江宮隆之は、浅川巧の生き様に感動して、その生涯を『白磁の人』(河出書房新社、一九九四年。河出文庫、一九九七年)という小説に書いた。そして、詩人の茨木のり子は、ハングルを学んだ先輩としての巧の墓参りをしたときのことを、『ハングルへの旅』(朝日新聞社、一九八六年。朝日文庫、一九八九年)という本に書いた。また、東京大学への留学生・李秉鎮《イビョンジン》は「大正時代のある時代精神」という論文(『比較文学・文化論集』第十三号、一九九六年、所収)で、他人・外国人として朝鮮人と「対話」する巧の姿勢・思想を大正デモクラシー時代のもっとも良質なものの一つだ、と評価した。

そうした文筆活動とは別に、浅川兄弟の故郷・山梨県北巨摩《きたこま》郡高根町では「浅川伯教・巧兄弟を偲ぶ会」を結成し、二〇〇一年には「浅川伯教・巧兄弟資料館」を設立した。そして、二〇〇三年には韓国の京畿道抱川郡と姉妹結縁もした。

一方、韓国でも浅川巧の再評価が進み、かつて巧が働いていた韓国林業試験場の後輩たちは「浅川巧先生記念事業会」を発足させた。また、朝鮮の民芸を愛するソウル在住の日本人と韓国人は、朝鮮民芸愛好の先駆者・日韓交流の先輩としての巧の墓参りを続けている。

二〇〇二年のサッカー・ワールドカップを契機として日本と韓国との関係は今まで以上に発展している。浅川巧を知ることは、そうした関係のいっそうの深化に役立つものと信ずる。

二〇〇三年六月

高崎宗司

浅川巧略年譜

一八九一年（明治二十四年）

一月、山梨県北巨摩《きたこま》郡甲《かぶと》村五丁田に生まれる。父浅川如作《じょさく》（前年没）、母けいの次男。兄伯教《のりたか》、姉栄《さかえ》。

一八九七年（明治三十年）　六歳

四月、村山西尋常小学校に入学。

一九〇一年（明治三十四年）　十歳

一月、父親代わりの祖父小尾伝右衛門《おびでんえもん》（俳号・四友《しゆう》）没。

四月、秋田尋常高等小学校に入学。

一九〇六年（明治三十九年）　十五歳

四月、山梨県立農林学校に入学。

一九〇七年（明治四十年）　十六歳

六月、メソジスト教会で受洗。

一九〇九年(明治四十二年)　十八歳
四月、秋田県大館《おおだて》営林署に就職。
一九一〇年(明治四十三年)　十九歳
八月、日本が韓国を併合。このころ伯教が朝鮮陶磁と出合う。
一九一三年(大正二年)　二十二歳
五月、伯教が朝鮮へ渡る。
一九一四年(大正三年)　二十三歳
五月、巧も朝鮮へ渡る。
九月、朝鮮総督府山林課に就職。同月、伯教が柳宗悦《むねよし》宅を訪問。この後、伯教は陶芸家富本憲吉と知り合う。
一九一五年(大正四年)　二十四歳
二月、伯教とともに柳宅を訪問。
一九一六年(大正五年)　二十五歳
二月、友人浅川政歳の姉みつえと結婚。
九月、柳が朝鮮に来て巧宅に泊まり、民芸に開眼。
一九一七年(大正六年)　二十六歳

三月、長女・園絵《そのえ》が生まれる。
七月、「チョウセンカラマツの養苗成功を報ず」を発表。
十月、「朝鮮におけるカタルパー、スペシオサ樹の養苗及《および》造林成績を報ず」を発表。

一九一九年(大正八年)　二十八歳

三月、三・一独立運動が始まる。
四月、『朝鮮巨樹老樹名木誌』を出版。
八月、『樹苗養成指針・第一号』を出版。

一九二〇年(大正九年)　二十九歳

五月、柳が朝鮮に来る。
十二月、柳とともに朝鮮民族美術館設立運動を始める。

一九二一年(大正十年)　三十歳

一月、柳が朝鮮に来る。
六月、柳夫妻が朝鮮に来る。
七月、『樹苗養成指針・第一冊』(共著)を出版。
九月、妻みつえ没。
十一月、柳らと京城で泰西絵画展覧会を開く。

この年、林業試験場が清涼里に移転。巧が記念植樹。

一九二二年（大正十一年）　三十一歳

一月、日記を書き始める。同月、朝鮮に来た柳らと冠岳山の窯跡を調査。

二月、清涼里に引っ越す。

八月、雇員から技手に昇進。

九月、「窯跡めぐりの一日」を発表。同月、朝鮮に来た柳らと分院の窯跡を調査。

十月、京城で「李朝陶磁器展覧会」を開催。

一九二三年（大正十二年）　三十二歳

九月、関東大震災が起こる。日記で朝鮮人虐殺を批判。同月、富本憲吉が巧宅に滞在。

同月、京城で「李朝陶磁器展覧会」を開催。このころ、随筆「水落山（三度目）」「朝鮮小女」を執筆。

十月、「副業（品）共進会」を執筆。

一九二四年（大正十三年）　三十三歳

一月、柳と甲府への旅。木喰仏《もくじき》と出合う。

三月、「苗圃《びょうほ》担当の友に贈る」を発表。露天埋蔵法を発見。

四月、柳らと京城に朝鮮民族美術館を設立。

十二月、伯教らと鶏龍山・康津の窯跡を調査。

一九二五年（大正十四年）　三十四歳

三月、「萩の種類」を発表。

四月、柳らと京城で木喰仏写真展を開催。同月、「窯跡めぐりの旅を終えて」を発表。

五月、「窯跡めぐり〔の旅〕を終えて (2)」を発表。

七月、柳らと丹波《たんば》の木喰仏を調査。

十月、大北咲《おおきたさき》と再婚。

一九二六年（大正十五年・昭和元年）　三十五歳

六月、「主要林木種子ノ発芽促進ニ関スル実験（第二回報告）」を発表。

十月、「朝鮮産主要樹林ノ分布及《および》適地」を発表。同月、「苗圃肥料としての堆肥について」を発表。

十一月、次女が生まれたが、すぐに死去。

この年、安倍《あべ》能成《よししげ》と知り合う。

一九二七年（昭和二年）　三十六歳

四月、分院窯跡を調査。

七月、「禿山の利用問題について」を発表。

十二月、「分院窯跡考」を発表。
一九二八年(昭和三年)　三十七歳
七月、「朝鮮の器物及《およ》びその用途」について講演。このころ、「朝鮮趣味を語る会」結成。
八月、鶏龍山の窯跡を調査。
一九二九年(昭和四年)　三十八歳
三月、『朝鮮の膳』を出版。
一九三〇年(昭和五年)　三十九歳
二月、「朝鮮の棚と箪笥類について」を発表。このころ、「朝鮮古窯跡調査経過報告」を執筆。未完のまま遺稿となる。
一九三一年(昭和六年)　四十歳
四月、肺炎のため没。京城郊外に埋葬。遺稿「朝鮮古窯跡調査経過報告」などが残される。
五月、遺稿「朝鮮茶碗」発表。
七月、遺稿「朝鮮窯業振興に関する意見」発表。
九月、遺著『朝鮮陶磁名考』出版。
一九三二年(昭和七年)

一月、遺著『主要樹苗ニ対スル肥料三要素試験』出版。

この年、墓碑が京城郊外に建てられる。

一九三四年（昭和九年）

この年、『工芸』三月号が浅川巧記念号として発行される。遺稿「金海」「朝鮮の漬物」を収録。

一九七八年（昭和五十三年）

十二月、蝦名《えびな》則《のり》編『浅川巧著作集』（八潮書店）出版。

一九九六年（平成八年）

四月、韓国で『朝鮮の膳・朝鮮陶磁名考』が翻訳・出版される。

十一月、高崎宗司編『浅川巧全集』（草風館）出版。

二〇〇一年（平成十三年）

七月、山梨県北巨摩郡高根町に「浅川伯教・巧兄弟資料館」開館。

二〇〇三年（平成十五年）

九月、高崎宗司編『浅川巧　日記と書簡』（草風館）出版。

朝鮮《ちようせん》民《みん》芸《げい》論集《ろんしゆう》

2003年7月16日　第1刷発行
2025年7月29日　第5刷発行

著　者　浅《あさ》川《かわ》巧《たくみ》

編　者　高崎宗司《たかさきそうじ》

発行者　坂本政謙

発行所　株式会社 岩波書店
〒101-8002 東京都千代田区一ツ橋 2-5-5

案内 03-5210-4000　営業部 03-5210-4111
文庫編集部 03-5210-4051
https://www.iwanami.co.jp/

印刷・三秀舎　カバー・精興社　製本・中永製本

ISBN 978-4-00-381051-4　Printed in Japan

読書子に寄す

——岩波文庫発刊に際して——

岩波茂雄

真理は万人によって求められることを自ら欲し、芸術は万人によって愛されることを自ら望む。かつては民を愚昧ならしめるために学芸が最も狭き堂宇に閉鎖されたことがあった。今や知識と美とを特権階級の独占より奪い返すことはつねに進取的なる民衆の切実なる要求である。岩波文庫はこの要求に応じそれに励まされて生まれた。それは生命ある不朽の書を少数者の書斎と研究室とより解放して街頭にくまなく立たしめ民衆に伍せしめるであろう。近時大量生産予約出版の流行を見る。その広告宣伝の狂態はしばらくおくも、後代にのこすと誇称する全集がその編集に万全の用意をなしたるか。千古の典籍の翻訳企図に敬虔の態度を欠かざりしか。さらに分売を許さず読者を繋縛して数十冊を強うるがごとき、はたしてその揚言する学芸解放のゆえんなりや。吾人は天下の名士の声に和してこれを推挙するに躊躇するものである。このときにあたって、岩波書店は自己の責務のいよいよ重大なるを思い、従来の方針の徹底を期するため、すでに十数年以前より志して来た計画を慎重審議この際断然実行することにした。吾人は範をかのレクラム文庫にとり、古今東西にわたって文芸・哲学・社会科学・自然科学等種類のいかんを問わず、いやしくも万人の必読すべき真に古典的価値ある書をきわめて簡易なる形式において逐次刊行し、あらゆる人間に須要なる生活向上の資料、生活批判の原理を提供せんと欲する。この文庫は予約出版の方法を排したるがゆえに、読者は自己の欲する時に自己の欲する書物を各個に自由に選択することができる。携帯に便にして価格の低きを最主とするがゆえに、外観を顧みざるも内容に至っては厳選最も力を尽くし、従来の岩波出版物の特色をますます発揮せしめようとする。この計画たるや世間の一時の投機的なるものと異なり、永遠の事業として吾人は微力を傾倒し、あらゆる犠牲を忍んで今後永久に継続発展せしめ、もって文庫の使命を遺憾なく果たさしめることを期する。芸術を愛し知識を求むる士の自ら進んでこの挙に参加し、希望と忠言とを寄せられることは吾人の熱望するところである。その性質上経済的には最も困難多きこの事業にあえて当たらんとする吾人の志を諒として、その達成のため世の読書子とのうるわしき共同を期待する。

昭和二年七月

《哲学・教育・宗教》〔青〕

- ソクラテスの弁明・クリトン　プラトン　久保勉訳
- ゴルギアス　プラトン　加来彰俊訳
- 饗宴　プラトン　久保勉訳
- テアイテトス　プラトン　田中美知太郎訳
- パイドロス　プラトン　藤沢令夫訳
- メノン　プラトン　藤沢令夫訳
- 国家　全二冊　プラトン　藤沢令夫訳
- プロタゴラス　—ソフィストたち　プラトン　藤沢令夫訳
- パイドン　—魂の不死について　プラトン　岩田靖夫訳
- アナバシス　—敵中横断六〇〇〇キロ　クセノポン　松平千秋訳
- アリストテレス　ニコマコス倫理学　全二冊　高田三郎訳
- アリストテレス　形而上学　全二冊　出隆訳
- アリストテレス　弁論術　戸塚七郎訳
- アリストテレース　詩学　ホラーティウス　詩論　松本仁助・岡道男訳
- 物の本質について　ルクレーティウス　樋口勝彦訳
- エピクロス　—教説と手紙　出隆・岩崎允胤訳
- 生の短さについて　他二篇　セネカ　大西英文訳
- 怒りについて　他二篇　セネカ　兼利琢也訳
- エピクテトス　人生談義　全二冊　國方栄二訳
- 人さまざま　テオプラストス　森進一訳
- マルクス・アウレーリウス　自省録　神谷美恵子訳
- 老年について　キケロー　中務哲郎訳
- 友情について　キケロー　中務哲郎訳
- 弁論家について　全二冊　キケロー　大西英文訳
- 平和の訴え　エラスムス　箕輪三郎訳
- エラスムス＝トマス・モア往復書簡　沓掛良彦・高田康成訳
- 方法序説　デカルト　谷川多佳子訳
- 哲学原理　デカルト　桂寿一訳
- 精神指導の規則　デカルト　野田又夫訳
- 情念論　デカルト　谷川多佳子訳
- パンセ　全三冊　パスカル　塩川徹也訳
- パスカル　小品と手紙　塩川徹也・望月ゆか訳
- スピノザ　神学・政治論　全二冊　畠中尚志訳
- 知性改善論　スピノザ　畠中尚志訳
- スピノザ　エチカ（倫理学）　全二冊　畠中尚志訳
- スピノザ　国家論　畠中尚志訳
- スピノザ往復書簡集　畠中尚志訳
- デカルトの哲学原理　—附 形而上学的思想　スピノザ　畠中尚志訳
- スピノザ　神・人間及び人間の幸福に関する短論文　畠中尚志訳
- モナドロジー　他二篇　ライプニッツ　谷川多佳子・岡部英男訳
- ノヴム・オルガヌム（新機関）　ベーコン　桂寿一訳
- 市民の国について　全二冊　ヒューム　小松茂夫訳
- 自然宗教をめぐる対話　ヒューム　犬塚元訳
- 君主の統治について　—謹んでキプロス王に捧げる　トマス・アクィナス　柴田平三郎訳
- 精選　神学大全　全四冊　トマス・アクィナス　山本芳久編　稲垣良典／訳
- エミール　全三冊　ルソー　今野一雄訳
- 人間不平等起原論　ルソー　本田喜代治・平岡昇訳
- ルソー　社会契約論　桑原武夫・前川貞次郎訳
- 言語起源論　—旋律と音楽的模倣について　ルソー　増田真訳
- ディドロ　絵画について　佐々木健一訳

純粋理性批判 全三冊	カント　篠田英雄訳
カント 実践理性批判	波多野精一・宮本和吉・篠田英雄訳
判断力批判 全二冊	カント　篠田英雄訳
永遠平和のために	カント　宇都宮芳明訳
プロレゴメナ	カント　篠田英雄訳
人倫の形而上学 全二冊	カント　熊野純彦・宮村悠介訳
シュライエルマッハー 独白	木場深定訳
ヘーゲル 政治論文集 全二冊	金子武蔵訳
哲学史序論 —哲学と哲学史	ヘーゲル　武市健人訳
歴史哲学講義 全二冊	ヘーゲル　長谷川宏訳
法の哲学 —自然法と国家学の要綱	ヘーゲル　上妻精・佐藤康邦・山田忠彰訳
学問論	シェリング　西川富雄・藤田正勝監訳
自殺について 他四篇	ショウペンハウエル　斎藤信治訳
読書について 他二篇	ショウペンハウエル　斎藤忍随訳
知性について 他四篇	ショーペンハウエル　細谷貞雄訳
不安の概念	キェルケゴール　斎藤信治訳
死に至る病	キェルケゴール　斎藤信治訳
体験と創作 全二冊	ディルタイ　柴田治三郎・小牧健夫訳
眠られぬ夜のために 全二冊	ヒルティ　草間平作・大和邦太郎訳
幸福論 全三冊	ヒルティ　草間平作・大和邦太郎訳
悲劇の誕生	ニーチェ　秋山英夫訳
ツァラトゥストラはこう言った 全二冊	ニーチェ　氷上英廣訳
道徳の系譜	ニーチェ　木場深定訳
善悪の彼岸	ニーチェ　木場深定訳
この人を見よ	ニーチェ　手塚富雄訳
プラグマティズム	W・ジェイムズ　桝田啓三郎訳
宗教的経験の諸相 全二冊	W・ジェイムズ　桝田啓三郎訳
日常生活の精神病理	フロイト　高田珠樹訳
精神分析入門講義 全二冊	フロイト　高田珠樹・新宮一成・須藤訓任・道籏泰三訳
純粋現象学及現象学的哲学考案 全二冊	フッセル　池上鎌三訳
デカルト的省察	フッサール　浜渦辰二訳
愛の断想・日々の断想	ジンメル　清水幾太郎訳
ジンメル宗教論集	深澤英隆編訳
笑い	ベルクソン　林達夫訳
道徳と宗教の二源泉	ベルクソン　平山高次訳
物質と記憶	ベルクソン　熊野純彦訳
時間と自由	ベルクソン　中村文郎訳
ラッセル教育論	安藤貞雄訳
ラッセル幸福論	安藤貞雄訳
存在と時間 全四冊	ハイデガー　熊野純彦訳
学校と社会	デューイ　宮原誠一訳
民主主義と教育 全二冊	デューイ　松野安男訳
我と汝・対話	マルティン・ブーバー　植田重雄訳
アラン 幸福論	神谷幹夫訳
アラン 定義集	神谷幹夫訳
天才の心理学	E・クレッチュマー　内村祐之訳
英語発達小史	H・ブラッドリ　寺澤芳雄訳
日本の弓術	オイゲン・ヘリゲル述　柴田治三郎訳
似て非なる友について 他三篇	プルタルコス　柳沼重剛訳
ことばのロマンス —英語の語源	ウィークリー　寺澤芳雄・出淵博訳
ヴィーコ 学問の方法	上村忠男・佐々木力訳

- 国家と神話 全二冊　カッシーラー　熊野純彦訳
- 天才・悪　ブレンターノ　篠田英雄訳
- 人間の頭脳活動の本質 他一篇　ディーツゲン　小松摂郎訳
- 反啓蒙思想 他二篇　バーリン　松本礼二編
- マキアヴェッリの独創性 他三篇　バーリン　川出良枝編
- ロシア・インテリゲンツィヤの誕生 他五篇　バーリン　桑野隆編
- 論理哲学論考　ウィトゲンシュタイン　野矢茂樹訳
- 自由と社会的抑圧　シモーヌ・ヴェイユ　冨原眞弓訳
- 根をもつこと 全二冊　シモーヌ・ヴェイユ　冨原眞弓訳
- 重力と恩寵　シモーヌ・ヴェイユ　冨原眞弓訳
- 全体性と無限 全二冊　レヴィナス　熊野純彦訳
- 啓蒙の弁証法 —哲学的断想　M・ホルクハイマー　T・W・アドルノ　徳永恂訳
- ヘーゲルからニーチェへ 十九世紀思想における革命的断絶 全二冊　レーヴィット　三島憲一訳
- 統辞構造論 付『言語理論の論理構造』序論　チョムスキー　福井直樹　辻子美保子訳
- 統辞理論の諸相 方法論序説　チョムスキー　辻子美保子　福井直樹訳
- 快楽について　ロレンツォ・ヴァッラ　近藤恒一訳
- ニーチェ みずからの時代と闘う者　ルドルフ・シュタイナー　高橋巖訳

- フランス革命期の公教育論　コンドルセ他　阪上孝編訳
- 人間の教育 全二冊　フレーベル　荒井武訳
- 旧約聖書 創世記　関根正雄訳
- 旧約聖書 出エジプト記　関根正雄訳
- 旧約聖書 ヨブ記　関根正雄訳
- 旧約聖書 詩篇　関根正雄訳
- 新約聖書 福音書　塚本虎二訳
- 文語訳 新約聖書 詩篇付
- 文語訳 旧約聖書 全四冊
- キリストにならいて　トマス・ア・ケンピス　大沢章　呉茂一訳
- 聖アウグスティヌス 告白 全二冊　服部英次郎訳
- アウグスティヌス 神の国 全五冊　服部英次郎　藤本雄三訳
- 新訳 キリスト者の自由・聖書への序言　マルティン・ルター　石原謙訳
- キリスト教と世界宗教　シュヴァイツェル　鈴木俊郎訳
- カルヴァン小論集　波木居斉二編訳
- 聖なるもの　オットー　久松英二訳
- コーラン 全三冊　井筒俊彦訳

- エックハルト説教集　田島照久編訳
- ムハンマドのことば ハディース　小杉泰編訳
- 新約聖書外典 ナグ・ハマディ文書抄　荒井献　大貫隆　小林稔　筒井賢治編訳
- 後期資本主義における正統化の問題　ハーバーマス　山田正行・金慧訳
- シンボルの哲学 —理性、祭礼、芸術のシンボル試論　S・K・ランガー　塚本明子訳
- ジャック・ラカン 精神分析の四基本概念 全二冊　ジャック＝アラン・ミレール編　小出浩之　新宮一成　鈴木國文　小川豊昭訳
- 精神と自然 生きた世界の認識論　グレゴリー・ベイトソン　佐藤良明訳
- 精神の生態学へ 全三冊　グレゴリー・ベイトソン　佐藤良明訳
- 人間の知的能力に関する試論 全二冊　トマス・リード　戸田剛文訳
- 開かれた社会とその敵 全四冊　カール・ポパー　小河原誠訳

《東洋思想》〔青〕

易経 全二冊　高田真治・後藤基巳訳
論語　金谷治訳注
孔子家語　藤原正校訳
孟子 全二冊　小林勝人訳注
老子　蜂屋邦夫訳注
荘子 全四冊　金谷治訳注
新訂 孫子　金谷治訳注
荀子 全二冊　金谷治訳注
韓非子 全四冊　金谷治訳注
史記列伝 全五冊　司馬遷／小川環樹・今鷹真・福島吉彦訳
春秋左氏伝 全三冊　小倉芳彦訳
塩鉄論　曾我部静雄訳註
千字文　小川環樹・木田章義注解
大学・中庸　金谷治訳注
仁学—清末の社会変革論　譚嗣同／西順蔵・坂元ひろ子訳注
章炳麟集—清末の民族革命思想　西順蔵・近藤邦康編訳
梁啓超文集　岡本隆司・石川禎浩・高嶋航編訳
マヌの法典　マヌ／田辺繁子訳
ガンディー 獄中からの手紙　森本達雄訳
随園食単　袁枚／青木正児訳註
ウパデーシャ・サーハスリー—真実の自己の探求　シャンカラ／前田専学訳

《仏教》〔青〕

ブッダのことば—スッタニパータ　中村元訳
ブッダの真理のことば 感興のことば　中村元訳
般若心経・金剛般若経　中村元・紀野一義訳註
法華経 全三冊　坂本幸男・岩本裕訳注
日蓮文集　兜木正亨校注
浄土三部経 全二冊　中村元・早島鏡正・紀野一義訳註
大乗起信論　宇井伯寿・高崎直道訳注
臨済録　入矢義高訳注
碧巌録 全三冊　入矢義高・溝口雄三・末木文美士・伊藤文生訳注
無門関　西村恵信訳注
法華義疏 全二冊　聖徳太子／花山信勝校訳
往生要集 全二冊　源信／石田瑞麿訳注
教行信証　親鸞／金子大栄校訂
歎異抄　金子大栄校注
正法眼蔵 全四冊　道元／水野弥穂子校注
正法眼蔵随聞記　懐奘編／和辻哲郎校訂
道元禅師清規　大久保道舟訳注
一遍上人語録—付 播州法語集　大橋俊雄校注
南無阿弥陀仏—付 心偈　柳宗悦
蓮如上人御一代聞書　稲葉昌丸校訂
日本的霊性　鈴木大拙／篠田英雄校訂
新編 東洋的な見方　鈴木大拙／上田閑照編
大乗仏教概論　鈴木大拙／佐々木閑訳
浄土系思想論　鈴木大拙
神秘主義 キリスト教と仏教　鈴木大拙／坂東性純・清水守拙訳
禅の思想　鈴木大拙
ブッダ最後の旅—大パリニッバーナ経　中村元訳
仏弟子の告白—テーラガーター　中村元訳

尼僧の告白 —テーリーガーター— 中村元訳
ブッダ 神々との対話 —サンユッタ・ニカーヤI— 中村元訳
ブッダ 悪魔との対話 —サンユッタ・ニカーヤII— 中村元訳
禅林句集 足立大進校注
ブッダが説いたこと ワールポラ・ラーフラ 今枝由郎訳
ブータンの瘋狂聖ドゥクパ・クンレー伝 ゲンドゥン・リンチェン編 今枝由郎訳
梵文和訳 華厳経入法界品 梶山雄一・丹治昭義・津田真一・田村智淳・桂紹隆 訳注

《音楽・美術》〔青〕

ベートーヴェンの生涯 ロマン・ロラン 片山敏彦訳
音楽と音楽家 シューマン 吉田秀和訳
レオナルド・ダ・ヴィンチの手記 全二冊 杉浦明平訳
ゴッホの手紙 全三冊 硲伊之助訳
ビゴー日本素描集 清水勲編
ワーグマン日本素描集 清水勲編
河鍋暁斎戯画集 山口静一・及川茂編
葛飾北斎伝 飯島虚心 鈴木重三校注
ヨーロッパのキリスト教美術 —十二世紀から十八世紀まで— 全二冊 エミール・マール 柳宗玄・荒木成子訳

近代日本漫画百選 清水勲編
蛇儀礼 ヴァールブルク 三島憲一訳
ミレー ロマン・ロラン 蛯原徳夫訳
日本の近代美術 土方定一
日本洋画の曙光 平福百穂
映画とは何か 全二冊 アンドレ・バザン 野崎歓・大原宣久・谷本道昭訳
漫画 坊っちゃん 近藤浩一路
漫画 吾輩は猫である 近藤浩一路
ロバート・キャパ写真集 ICPロバート・キャパ・アーカイブ編
北斎 富嶽三十六景 日野原健司編
日本漫画史 —鳥獣戯画から岡本一平まで— 細木原青起
ゴヤの手紙 全二冊 大高保二郎・松原典子編訳
世紀末ウィーン文化評論集 ヘルマン・バール 西村雅樹編訳
丹下健三建築論集 豊川斎赫編
丹下健三都市論集 豊川斎赫編
ギリシア芸術模倣論 ヴィンケルマン 田邊玲子訳
堀口捨己建築論集 藤岡洋保編

《歴史・地理》〔青〕

新訂 魏志倭人伝・後漢書倭伝・宋書倭国伝・隋書倭国伝 —中国正史日本伝1 石原道博編訳
新訂 旧唐書倭国日本伝・宋史日本伝・元史日本伝 —中国正史日本伝2 石原道博編訳
ヘロドトス 歴史 全三冊 松平千秋訳
トゥーキュディデース 戦史 全三冊 久保正彰訳
ガリア戦記 カエサル 近山金次訳
タキトゥス 年代記 —ティベリウス帝からネロ帝へ 全二冊 国原吉之助訳
ランケ 世界史概観 —近世史の諸時代 鈴木成高 相原信作訳
ランケ自伝 林健太郎訳
歴史における個人の役割 プレハーノフ 木原正雄訳
古代への情熱 —シュリーマン自伝 シュリーマン 村田数之亮訳
大君の都 —幕末日本滞在記 全三冊 オールコック 山口光朔訳
アーネスト・サトウ 一外交官の見た明治維新 全二冊 坂田精一訳
ベルツの日記 全二冊 トク・ベルツ編 菅沼竜太郎訳
武家の女性 山川菊栄
インディアスの破壊についての簡潔な報告 ラス・カサス 染田秀藤訳
ラス・カサス インディアス史 全七冊 長南実訳 石原保徳編

インディアスの破壊をめぐる賠償義務論 —十二の疑問に答える ラス・カサス 染田秀藤訳
コロンブス 全航海の報告 林屋永吉訳
大森貝塚 —付 関連史料 E・S・モース 近藤義郎 佐原真編訳
ナポレオン言行録 オクターヴ・オブリ編 大塚幸男訳
中世的世界の形成 石母田正
日本の古代国家 石母田正
平家物語 他六篇 石母田正 高橋昌明編
クリオの顔 —歴史随想集 E・H・ノーマン 大窪愿二編訳
日本における近代国家の成立 E・H・ノーマン 大窪愿二訳
旧事諮問録 —江戸幕府役人の証言 全二冊 旧事諮問会編 進士慶幹校注
ローマ皇帝伝 全二冊 スエトニウス 国原吉之助訳
アリランの歌 —ある朝鮮人革命家の生涯 ニム・ウェールズ キム・サン 松平いを子訳
さまよえる湖 全二冊 ヘディン 福田宏年訳
老松堂日本行録 —朝鮮使節の見た中世日本 宋希璟 村井章介校注
十八世紀パリ生活誌 —タブロー・ド・パリ 全二冊 メルシエ 原宏編訳
ヨーロッパ文化と日本文化 ルイス・フロイス 岡田章雄訳注
ギリシア案内記 全二冊 パウサニアス 馬場恵二訳

オデュッセウスの世界 フィンリー 下田立行訳
東京に暮す —一九二八〜一九三六 キャサリン・サンソム 大久保美春訳
ミカド —日本の内なる力 W・E・グリフィス 亀井俊介訳
増補 幕末百話 篠田鉱造
幕末明治 女百話 全二冊 篠田鉱造
日本中世の村落 清水三男 大山喬平 馬田綾子校注
トゥバ紀行 メンヒェン＝ヘルフェン 田中克彦訳
徳川時代の宗教 R・N・ベラー 池田昭訳
ある出稼石工の回想 マルタン・ナド 喜安朗訳
革命的群衆 G・ルフェーヴル 二宮宏之訳
植物巡礼 —プラント・ハンターの回想 F・キングドン-ウォード 塚谷裕一訳
日本滞在日記 —一八〇四—一八〇五 レザーノフ 大島幹雄訳
モンゴルの歴史と文化 ハイシッヒ 田中克彦訳
歴史序説 全四冊 イブン＝ハルドゥーン 森本公誠訳
ダンピア 最新世界周航記 全二冊 平野敬一訳
ローマ建国史 全三冊（既刊上巻） リーウィウス 鈴木一州訳
元治夢物語 —幕末同時代史 馬場文英 徳田武校注

フランス・プロテスタントの反乱 ——カミザール戦争の記録　カヴァリエ　二宮フサ訳

徳川制度 全三冊・補遺　加藤貴校注

第二のデモクラテス 戦争の正当原因についての対話　セプールベダ　染田秀藤訳

ユグルタ戦争 カティリーナの陰謀　サルスティウス　栗田伸子訳

史的システムとしての資本主義　ウォーラーステイン　川北稔訳

中世荘園の様相　網野善彦

日本中世の非農業民と天皇 全二冊　網野善彦

《東洋文学》〔赤〕

- 楚辞　小南一郎訳注
- 杜甫詩選　黒川洋一編
- 李白詩選　松浦友久編訳
- 唐詩選　全三冊　前野直彬注解
- 完訳 三国志　全八冊　小川環樹・金田純一郎訳
- 西遊記　全十冊　中野美代子訳
- 菜根譚　洪自誠　今井宇三郎訳注
- 阿Q正伝・狂人日記 他十二篇（吶喊）　魯迅　竹内好訳
- 朝花夕拾　魯迅　松枝茂夫訳
- 歴史小品　郭沫若　平岡武夫訳
- 家　全二冊　巴金　飯塚朗訳
- 新編 中国名詩選　全三冊　川合康三編訳
- 聊斎志異　全二冊　蒲松齢　立間祥介編訳
- 李商隠詩選　川合康三選訳
- 白楽天詩選　全二冊　川合康三訳注
- 文選　全六冊　川合康三・富永一登・釜谷武志・和田英信・浅見洋二・緑川英樹訳注
- 曹操・曹丕・曹植詩文選　川合康三編訳
- ケサル王物語 —チベットの英雄叙事詩　アレクサンドラ・ダヴィッド＝ネール　アプル・ユンテン　富樫瓔子訳
- バガヴァッド・ギーター　上村勝彦訳
- ダライ・ラマ六世恋愛詩集　今枝由郎・海老原志穂編訳
- 朝鮮童謡選　金素雲訳編
- 朝鮮短篇小説選　全二冊　大村益夫・長璋吉・三枝壽勝編訳
- 尹東柱詩集 空と風と星と詩　金時鐘編訳
- アイヌ民譚集 付 えぞおばけ列伝　知里真志保編訳
- アイヌ叙事詩 ユーカラ　金田一京助採集並ニ訳

《ギリシア・ラテン文学》〔赤〕

- ホメロス イリアス　全二冊　松平千秋訳
- ホメロス オデュッセイア　全二冊　松平千秋訳
- イソップ寓話集　中務哲郎訳
- アイスキュロス アガメムノーン　久保正彰訳
- アイスキュロス 縛られたプロメーテウス　呉茂一訳
- アンティゴネー　ソポクレース　中務哲郎訳
- ソポクレス オイディプス王　藤沢令夫訳
- ソポクレス コロノスのオイディプス　高津春繁訳
- ヒッポリュトス —パイドラーの恋　エウリーピデース　松平千秋訳
- バッカイ —バッコスに憑かれた女たち　エウリーピデース　逸身喜一郎訳
- ヘシオドス 神統記　廣川洋一訳
- 女の議会　アリストパネース　村川堅太郎訳
- アポロドーロス ギリシア神話　高津春繁訳
- ダフニスとクロエー　ロンゴス　松平千秋訳
- ギリシア・ローマ抒情詩選 —花冠　呉茂一訳
- オウィディウス 変身物語　全二冊　中村善也訳
- サテュリコン —古代ローマの諷刺小説　ペトロニウス　国原吉之助訳
- ギリシア・ローマ神話 付 インド・北欧神話　ブルフィンチ　野上弥生子訳
- ギリシア・ローマ名言集　柳沼重剛編
- ローマ諷刺詩集　ペルシウス　ユウェナーリス　国原吉之助訳

岩波文庫の最新刊

宮沢俊義著／長谷部恭男編

八月革命と国民主権主義 他五篇

ポツダム宣言の受諾は、天皇主権から国民主権への革命であった。新憲法制定の正当性を主張した「八月革命」説をめぐる論文集。「国民代表の概念」等も収録。〔青N一二一-二〕　定価一〇〇一円

トーマス・マン作／小黒康正訳

トーニオ・クレーガー

芸術への愛と市民的生活との間で葛藤する青年トーニオ。自己探求の旅の途上でかつて憧れた二人の幻影を見た彼は、何を悟るのか。新訳。〔赤四三四-〇〕　定価六二七円

行方昭夫編訳

お許しいただければ ―続イギリス・コラム傑作選―

隣人の騒音問題から当時の世界情勢まで、誰にとっても身近な出来事をユーモアたっぷりに語る、ガードナー、ルーカス、リンド、ミルンの名エッセイ。〔赤N二〇一-二〕　定価九三五円

ル・クレジオ著／管 啓次郎訳

歌の祭り

南北両アメリカ先住民の生活の美しさと秘められた知恵、そして深遠な宇宙観を、みずみずしく硬質な文体で描く、しずかな抒情と宇宙論的ひろがりをたたえた民族誌。〔赤N五〇九-三〕　定価一一五五円

……今月の重版再開……

柳田国男著

蝸牛考

定価九三五円〔青一三八-七〕

高井としを著

わたしの「女工哀史」

定価一〇七八円〔青N一一六-一〕

定価は消費税10％込です　2025.6